Arbeits- und Sozialrecht
Band 99

Helge Sodan

Künstliche Befruchtung und gesetzliche Krankenversicherung

Zur Verfassungsmäßigkeit des § 27a SGB V nach dem GKV-Modernisierungsgesetz

Nomos

Die Deutsche Bibliothek verzeichnet diese Publikation in
der Deutschen Nationalbibliografie; detaillierte bibliografische
Daten sind im Internet über http://dnb.ddb.de abrufbar.

ISBN 13: 978-3-8329-2479-9
ISBN 10: 3-8329-2479-5

1. Auflage 2006

Vorwort

In kaum einer politischen »Sonntagsrede« unserer Tage fehlt ein Hinweis auf den besorgniserregenden demographischen Wandel. Bekanntlich sind die aktuell beitragszahlenden Mitglieder einer Sozialversicherung für deren Funktionsfähigkeit von besonderer Bedeutung, weil die deutsche Sozialversicherung auf dem so genannten Umlageverfahren beruht: In dem die *private* Versicherung prägenden Kapitaldeckungsverfahren wird aus den Beiträgen Vermögen gebildet, das die Grundlage späterer Versicherungsleistungen darstellt; das Umlageverfahren, welches auch als »Generationenvertrag« bezeichnet wird, kommt hingegen ohne Kapitalakkumulation aus. Deutschland erlebte während des Aufbaus sozialer Sicherungssysteme eine demographische Explosion. Auf einer solchen Grundlage konnten umlagefinanzierte Sozialversicherungssysteme funktionieren. Heute allerdings müssen immer weniger junge Erwerbstätige die Sozialleistungen für immer mehr ältere Menschen finanzieren. Das sich daraus bei einem Umlageverfahren ergebende Finanzierungsproblem wird aufgrund der einkommensorientierten Beiträge zur Sozialversicherung durch Massenarbeitslosigkeit noch erheblich verschärft. Vor allem aber fehlt es an der für eine gesunde Altersstruktur notwendigen Zahl von Kindern. Seit Mitte der sechziger Jahre ist in Deutschland die Zahl der Lebendgeborenen je Frau von 2,49 in rascher Folge auf mittlerweile 1,3 gesunken – mit gravierenden Folgen nicht zuletzt für die maroden sozialen Sicherungssysteme.

Und was tut der Staat? Er regelt beispielsweise, dass gesetzlich Krankenversicherte bis zum vollendeten 20. Lebensjahr Anspruch auf Versorgung mit empfängnisverhütenden Mitteln haben, soweit sie ärztlich verordnet werden (§ 24a Abs. 2 SGB V). Er regelt ferner, dass gesetzlich Krankenversicherte Anspruch auf Leistungen bei einem nicht rechtswidrigen Abbruch der Schwangerschaft durch einen Arzt haben (§ 24b Abs. 1 SGB V). Dies gilt für die so genannten medizinischen und kriminologischen Indikationen. Bei Abtreibungen mit so genannter sozialer Indikation (die rechtswidrig sind, aber straffrei bleiben, wenn die Schwangere sich beraten lässt) besteht kein grundsätzlicher Anspruch auf Kostenübernahme. Nach dem Gesetz zur Hilfe für Frauen bei Schwangerschaftsabbrüchen in besonderen Fällen sind die Länder jedoch zu einer Kostenübernahme zugunsten derjenigen Frauen verpflichtet, welche die Kosten für eine Abtreibung nicht selbst aufbringen können. Infolgedessen werden in Sachsen mehr als 98 Prozent der Abbrüche mit sozialer Indikation vom Staat bezahlt, in Baden-Württemberg rund 95 Prozent, in Sachsen-Anhalt knapp 92 sowie in Berlin und Hessen jeweils rund 86 Prozent; die Länder haben im Zeitraum von 1996 bis 2003 insgesamt etwa 250 Millionen Euro für rechtswidrige Abtreibungen ausgegeben (vgl. Frankfurter Allgemeine Zeitung vom 29. Juni 2006, S. 4).

Während damit nahezu alle Abtreibungen mit sozialer Indikation vom Staat bezahlt werden, unterstützt er medizinische Maßnahmen zur Herbeiführung einer

Schwangerschaft seit dem so genannten GKV-Modernisierungsgesetz aus dem Jahre 2003 nur in sehr eingeschränktem Maße; insoweit wurde § 27a SGB V erheblich geändert. Die Übernahme der Kosten für eine künstliche Befruchtung durch die gesetzliche Krankenversicherung setzt voraus, dass nach ärztlicher Feststellung hinreichende Aussicht besteht, dass durch die Maßnahmen eine Schwangerschaft herbeigeführt wird; eine hinreichende Aussicht besteht nicht mehr, wenn die Maßnahme drei Mal ohne Erfolg durchgeführt worden ist. Die Krankenkasse übernimmt nur 50 Prozent der mit dem Behandlungsplan genehmigten Kosten der Maßnahmen, die bei ihrem Versicherten durchgeführt werden. Ferner sind die Leistungen für medizinische Maßnahmen zur Herbeiführung einer Schwangerschaft ausschließlich auf Personen beschränkt, die miteinander verheiratet sind. Überdies hat der Gesetzgeber den Anspruch auf Sachleistungen der künstlichen Befruchtung an das vollendete 25. Lebensjahr und damit an ein Mindestalter der Versicherten geknüpft.

Die Einführung eines Eigenanteils von 50 Prozent der für künstliche Befruchtungen entstehenden Kosten hat einen dramatischen Rückgang reproduktionsmedizinischer Maßnahmen ausgelöst. Experten schätzen, dass etwa 55 Prozent des im Jahre 2005 in Deutschland erfolgten Geburtenrückganges auf die Neufassung des § 27a SGB V durch das GKV-Modernisierungsgesetz zurückzuführen sind.

Die vorgenannten Regelungen werfen erhebliche verfassungsrechtliche Probleme auf, denen sich die nachfolgende Untersuchung widmet. Aufgrund eines sozialgerichtlichen Vorlagebeschlusses wird sich das Bundesverfassungsgericht in Kürze in einer mündlichen Verhandlung mit der Frage beschäftigen, ob es mit dem Grundgesetz vereinbar ist, dass eine Leistungspflicht der gesetzlichen Krankenkassen für Maßnahmen zur Herbeiführung einer Schwangerschaft auf miteinander verheiratete Personen beschränkt ist.

Für wertvolle fachliche Beratung und Unterstützung danke ich herzlich Herrn Rechtsanwalt und Fachanwalt für Medizinrecht *Udo von Langsdorff* sowie Frau *Susanne Henck*, Berlin.

Berlin, im Oktober 2006 *Helge Sodan*

Inhaltsverzeichnis

Einleitung

Unter dem Eindruck der Wachstumsphase wurde zu Beginn der Bundesrepublik Deutschland die Ansicht vertreten, dass der Prozess, in dem sich der Sozialstaat expansiv fortentwickele, faktisch irreversibel sei und keiner verfassungsrechtlichen Sicherungen bedürfe.

Diese These der faktischen Irreversibilität des Sozialstaates ist durch die vielfältigen gesetzgeberischen Aktivitäten der letzten Jahre, aber auch durch die Rechtsprechung des Bundesverfassungsgerichts widerlegt. Die Frage, ob und in welchem Umfang der Um- und Rückbau des Sozialstaates auf verfassungsrechtliche Grenzen stößt, stellt sich jedoch unverändert und aktuell gerade im Hinblick auf die gesetzliche Krankenversicherung.[1]

Das System der gesetzlichen Krankenversicherung bedarf der Rejustierung. Die Gründe sind hinlänglich bekannt. Vor allem aufgrund der deutlich rückläufigen Zahl der Beitragszahler durch die demographische Entwicklung und die stetig hohe Arbeitslosigkeit ist der Gesetzgeber gefordert, die gesetzliche Krankenversicherung auf eine stabile Finanzierungsgrundlage zu stellen. Aber auch ohne diese Entwicklung haben die heutigen technischen Möglichkeiten der Medizin ihren hohen Preis, der die Leistungsfähigkeit der Krankenkassen für die Zukunft in Frage stellt. Die Maßnahmen des so genannten GKV-Modernisierungsgesetzes (GMG) vom 14. November 2003[2] bezweckten maßgeblich die Begrenzung der Leistungen auf das Notwendige und sollten – in der euphemistischen Gesetzgebungssprache – die Eigenverantwortung der Versicherten stärken. Zu diesen Maßnahmen gehörten neben der Einführung der so genannten Praxisgebühr die Erweiterungen des Kreises derjenigen Leistungen, die eine Eigenbeteiligung der Versicherten vorsehen. Zu diesen Leistungen zählen auch die Maßnahmen zur künstlichen Befruchtung. Diese müssen nunmehr zu fünfzig Prozent von den Versicherten selbst finanziert werden. Diese Kürzung hat allgemeine Aufmerksamkeit auf die im Wesentlichen bisher nur dem Kreis der Betroffenen bekannte Rechtsgrundlage gelenkt. Dabei ist offenbar geworden, dass nicht nur die Kürzung des Leistungsumfangs möglicherweise gegen den Rücknahmespielraum des Gesetzgebers im Hinblick auf staatliche Leistungen verstößt, sondern auch andere Fragen, die durch § 27a SGB V aufgeworfen werden, der verfassungsrechtlichen Prüfung bedürfen. Dazu gehören die Beschränkung des Kreises der An-

1 Siehe dazu näher *Tzong-li Hsu*, Verfassungsrechtliche Schranken der Leistungsgesetzgebung im Sozialstaat, 1986; *Rolf-Ulrich Schlenker*, Soziales Rückschrittsverbot und Grundgesetz. Aspekte verfassungsrechtlicher Einwirkung auf die Stabilität sozialer Rechtslagen, 1986.

2 BGBl. I S. 2190. Siehe dazu etwa *Helge Sodan*, Die gesetzliche Krankenversicherung nach dem GKV-Modernisierungsgesetz – Zehn Thesen zur Gesundheitsreform, GesR 2004, 305 ff.

spruchsberechtigten auf Verheiratete ebenso wie die Altersgrenze, ab der die Leistungen in Anspruch genommen werden dürfen.

Gegenstand der nachfolgenden Ausführungen ist die Beantwortung speziell der Frage, ob der Gesetzgeber bei der Regelung in § 27a SGB V die verfassungsrechtlichen Vorgaben beim Ab-, Um- oder Rückbau des Sozialstaates gewahrt hat.

Maßstäbe dieser Prüfung sind allein Grundrechtsbestimmungen. Der Text des Grundgesetzes enthält weder eine ausdrückliche Verbürgung zugunsten bestehender sozialer Institutionen, der Gliederung und Organisation des sozialen Netzes noch gar eine explizite Gewährleistung des vorhandenen materiellen Sozialstandards, wie er in den »einfachen«, also unterhalb der Ebene der Verfassung angesiedelten Gesetzen seine Ausformung gefunden hat. Das Grundgesetz steht im Hinblick auf eine stabilisierende soziale Komponente im deutlichen Gegensatz zu den vorgrundgesetzlichen Landesverfassungen und zur Weimarer Reichsverfassung, deren Art. 161 eine ausdrückliche Garantie zugunsten eines umfassenden Versicherungswesens beinhaltete.

Das Grundgesetz zeigt seinen sozialen Anspruch vielmehr indirekt auf. So geben vor allem Art. 74 Abs. 1 Nrn. 6, 7, 9, 10, 12, 13, 16, 18 und 19a, Art. 95 Abs. 1 sowie Art. 120 Abs. 1 Satz 4 GG mit Regelungen zu Kompetenzen und zur Finanzierung Hinweise auf die vom Gesetzgeber zu erfüllenden Sozialaufgaben. Diese formellen Vorschriften konkretisieren und ergänzen das so genannte Sozialstaatsprinzip, wie es in Art. 20 Abs. 1 und Art. 28 Abs. 1 Satz 1 GG zum Ausdruck kommt, das Sozialgerechtigkeitspostulat des Art. 3 Abs. 1 GG sowie die bereichsspezifischen Sozialinhalte der Grundrechte, wobei diese teilweise offen (siehe Art. 1 Abs. 1, Art. 6 Abs. 1 und 4 GG) und teilweise in einem vorwiegend abwehrrechtlichen Gewand sichtbar sind (siehe Art. 2 Abs. 2 Satz 1, Art. 12 Abs. 1, Art. 14 Abs. 1 GG).

Aus dem Zusammenspiel organisationsrechtlicher und materieller Normen konstituiert sich das sozialstaatsdeterminierende Gerüst des Grundgesetzes, das dem expandierenden wie auch dem rückholenden Sozialgesetzgeber Grenzen setzt. Dabei ist allerdings festzustellen, dass dem Sozialstaatsprinzip kein absolutes soziales Rückschrittsverbot zu entnehmen ist. Im Gegenteil: Die vom Bundesverfassungsgericht speziell für die gesetzliche Krankenversicherung angenommene Verpflichtung des Gesetzgebers zur Sicherung der finanziellen Stabilität und damit der Funktionsfähigkeit dieser Sozialversicherung[3] konstituiert geradezu ein Rückschrittsgebot auf Basis der Gestaltungsfreiheit des Gesetzgebers.

Im Hinblick auf den Umfang des Leistungsstaates können nur Grundrechtsbestimmungen Fixpunkte und Mindeststandards setzen. Insbesondere im individuellen Rechtsschutz vermögen angesichts des objektiv-rechtlichen Charakters des Sozialstaats- und Rechtstaatsprinzips allein Grundrechte Rechtsschutzwirkung

3 Siehe etwa BVerfGE 103, 172 (184); BVerfG, DVBl. 2002, 400 (401). Näher zu dieser Formel *Helge Sodan* (Hrsg.), Finanzielle Stabilität der gesetzlichen Krankenversicherung und Grundrechte der Leistungserbringer. Vorträge im Rahmen der 1. Berliner Gespräche zum Gesundheitsrecht am 16. und 17. Juni 2003, 2004, passim.

zu entfalten. Die Staatsstrukturprinzipien können lediglich reflexiv über einzelne Grundrechte eine den Gesetzgeber begrenzende Wirkung beim Sozialstaatsabbau entfalten. Aus ihnen resultiert die Pflicht des Gesetzgebers zur sozialen Aktivität und Sicherung eines sozialen Mindeststandards. Eine staatliche Fürsorge- und Schutzpflicht oberhalb des Existenzminimums kann höchstens aus den systemimmanenten Grundsätzen eines Regelungsbereichs im Rahmen der »Systemgerechtigkeit« aus Art. 3 Abs. 1 GG in Verbindung mit dem Sozialstaatsprinzip abgeleitet werden. Ein gewisser Leistungsumfang ist verfassungsrechtlich daher nicht absolut, sondern nur relativ durch die Einengung der Rückholfreiheit des Gesetzgebers aufgrund der dynamischen, prozesshaften Zeit- und Wirklichkeitsbezogenheit des Sozialstaatsprinzips und individualbezogener Verfassungsmaßstäbe wie der Freiheitsgrundrechte und insbesondere des allgemeinen Gleichheitssatzes gewährleistet, der in Zeiten der Rücknahme von Leistungen die Wirkung einer »Rückschrittsgerechtigkeit« entfaltet.

Erster Teil
Grundrechtsprüfung

A. *Begrenzung der Leistung auf die dreimalige Kostenübernahme zu 50 Prozent*

Die Übernahme der Kosten für eine künstliche Befruchtung durch die gesetzliche Krankenversicherung setzt gemäß § 27a Abs. 1 Nr. 2 SGB V u. a. voraus, dass nach ärztlicher Feststellung hinreichende Aussicht besteht, dass durch die Maßnahmen eine Schwangerschaft herbeigeführt wird; eine hinreichende Aussicht besteht nicht mehr, wenn die Maßnahme drei Mal ohne Erfolg durchgeführt worden ist. Nach § 27a Abs. 3 Satz 3 SGB V übernimmt die Krankenkasse nur 50 Prozent der mit dem Behandlungsplan genehmigten Kosten der Maßnahmen, die bei ihrem Versicherten durchgeführt werden.

I. *Vereinbarkeit mit dem Grundrecht der Eigentumsgarantie*

Fraglich ist, ob die bislang zum Leistungskatalog der gesetzlichen Krankenversicherung gehörende künstliche Befruchtung eine eigentumsrechtliche Position darstellt, deren Reduzierung das Grundrecht auf Eigentumsschutz entgegensteht.

Der Eigentumsfreiheit kommt im Gefüge »der Grundrechte die Aufgabe zu, dem Träger des Grundrechts einen Freiheitsraum im vermögensrechtlichen Bereich zu sichern und ihm dadurch eine eigenverantwortliche Gestaltung seines Lebens zu ermöglichen.«[4] Sie steht daher im engen »inneren Zusammenhang mit der Garantie der persönlichen Freiheit«[5]. Es lässt sich sogar formulieren: »Eigentum ist Freiheit.«[6] »Das grundgesetzlich geschützte Eigentum ist »in seinem rechtlichen Gehalt gekennzeichnet durch *Privatnützigkeit*, d. h. die Zuordnung zu einem Rechtsträger [...], in dessen Hand es als Grundlage privater Initiative und im eigenverantwortlichen privaten Interesse ›von Nutzen‹ sein soll, und durch die von dieser Nutzung nicht immer deutlich abgrenzbare grundsätzliche Verfügungsbefugnis über den Eigentumsgegenstand«.[7] Eigentumsfähig gemäß Art. 14 GG sind

4 BVerfGE 50, 290 (339); 53, 257 (290); 102, 1 (15).

5 BVerfGE 24, 367 (389).

6 *Walter Leisner*, Eigentum, in: Josef Isensee/Paul Kirchhof (Hrsg.), Handbuch des Staatsrechts der Bundesrepublik Deutschland, Bd. VI, 1989, § 149 Rn. 21; *Helge Sodan*, Vorrang der Privatheit als Prinzip der Wirtschaftsverfassung, DÖV 2000, 361 (365).

7 BVerfGE 50, 290 (339); 53, 257 (290) – jew. ohne die Hervorhebung. Siehe zur Privatnützigkeit des Eigentums im Schrifttum besonders *Walter Leisner*, Steuer- und Eigentumswende – die Einheitswert-Beschlüsse des Bundesverfassungsgerichts, NJW 1995, 2591 (2594).

alle konkreten, vermögenswerten Rechtspositionen, die dem Einzelnen als Ausschließlichkeitsrechte zur privaten Nutzung und zur eigenen Verfügung zugeordnet sind.[8]

Klärungsbedürftig ist die Frage, ob die Reduzierung der Übernahme der durch eine künstliche Befruchtung entstandenen Kosten einen Eingriff in den Schutzbereich des Art. 14 Abs. 1 GG darstellt. Dies hängt davon ab, ob sozialversicherungsrechtliche Positionen im Bereich der gesetzlichen Krankenversicherung durch die Eigentumsgarantie geschützt sind. Nach der neueren Rechtsprechung des Bundesverfassungsgerichts ist »Voraussetzung für einen Eigentumsschutz sozialversicherungsrechtlicher Positionen [...] eine vermögenswerte Rechtsposition, die nach Art eines Ausschließlichkeitsrechts dem Rechtsträger als privatnützig zugeordnet ist; diese genießt den Schutz der Eigentumsgarantie dann, wenn sie auf nicht unerheblichen Eigenleistungen des Versicherten beruht und zudem der Sicherung der Existenz dient«[9].

1. Merkmal der Privatnützigkeit

Gemäß § 11 Abs. 1 Satz 1 Nr. 4 in Verbindung mit § 27 Abs. 1 Satz 1 SGB V haben Versicherte Anspruch auf Krankenbehandlung, wenn sie notwendig ist, um eine Krankheit zu erkennen, zu heilen, ihre Verschlimmerung zu verhüten oder Krankheitsbeschwerden zu lindern. Die Krankenbehandlung ist in § 27 SGB V nicht abschließend geregelt, sondern wird durch § 27a SGB V ergänzt, so dass auch Maßnahmen der künstlichen Befruchtung eine Art der Krankenbehandlung darstellen. Die diesbezüglichen Ansprüche des Versicherten dienen also seinem privaten Nutzen.

2. Nicht unerhebliche Eigenleistungen des Versicherten

Im Hinblick auf die Erfüllung der weiteren Voraussetzung, dass der sozialversicherungsrechtlichen Position nicht unerhebliche Eigenleistungen des Versicherten zu Grunde liegen müssen, ist zwischen den beitragszahlenden Mitgliedern der gesetzlichen Krankenversicherung und den nach § 10 SGB V mitversicherten Familienangehörigen zu unterscheiden, für die gemäß § 3 Satz 3 SGB V Beiträge nicht erhoben werden. Diese Familienangehörigen erbringen wegen ihrer Beitragsfreiheit gerade keine Eigenleistungen, so dass deren sozialversicherungsrechtliche Positionen keinem Eigentumsschutz durch Art. 14 Abs. 1 Satz 1 GG unterliegen. Den beitragsfrei mitversicherten Familienangehörigen den grund-

8 Siehe dazu BVerfGE 78, 58 (71); 83, 201 (208).

9 BVerfGE 69, 272 (300); 72, 9 (18 f.). Siehe aus dem Schrifttum etwa *Helge Sodan*, Freie Berufe als Leistungserbringer im Recht der gesetzlichen Krankenversicherung. Ein verfassungs- und verwaltungsrechtlicher Beitrag zum Umbau des Sozialstaates, 1997, S. 256 ff.

rechtlichen Eigentumsschutz im Hinblick darauf zuzubilligen, dass das zur Familie gehörende *Mitglied* der gesetzlichen Krankenversicherung Beiträge zu dieser Sozialversicherung leistet, würde den Charakter der beitragsfreien Familienmitversicherung grundlegend verkennen. Diese ist eine spezifische Form des »Familienlastenausgleichs«: Bei gleich hohen Beiträgen wie die Mitglieder mit Familienangehörigen finanzieren also die Mitglieder *ohne* Familienangehörige die Leistungen an beitragsfrei versicherte Familienangehörige anderer Mitglieder mit.[10] Dieses Prinzip wird durch § 243 Abs. 2 Satz 2 SGB V abgesichert: Danach sind Beitragsabstufungen nach dem Familienstand oder der Zahl der Angehörigen, für die eine Versicherung gemäß § 10 SGB V besteht, unzulässig.

Eine andere grundrechtliche Beurteilung kommt jedoch für die beitragszahlenden Mitglieder der gesetzlichen Krankenversicherung in Betracht. Nach der Rechtsprechung des Bundesverfassungsgerichts »sind als eigene Leistungen des Versicherten nicht nur die von ihm selbst bezahlten Beiträge zu berücksichtigen, sondern [...] auch [...] die Arbeitgeberanteile im Bereich der gesetzlichen Renten- und Krankenversicherung, die den eigentumsrelevanten Eigenleistungen des Arbeitnehmers zuzurechnen sind«[11].

3. Zielsetzung der Existenzsicherung des Berechtigten

Schließlich ist Voraussetzung für den Eigentumsschutz sozialrechtlicher Ansprüche, dass diese der Existenzsicherung des Berechtigten zu dienen bestimmt sind. Dabei kommt es nicht darauf an, »ob ein Grundrechtsträger nach seinem Vermögensstand individuell mehr oder weniger auf den Bezug einer sozialversicherungsrechtlichen Leistung angewiesen ist. Es geht vielmehr um die objektive Feststellung, ob eine öffentlich-rechtliche Leistung ihrer Zielsetzung nach der Existenzsicherung des Berechtigten zu dienen bestimmt ist. Nicht das Bedürfnis des Einzelnen, sondern der Umstand ist entscheidend, daß eine Position der großen Mehrzahl der Staatsbürger zur existentiellen Sicherung dient [...]. Im Sozialversicherungsrecht werden vielfach Ansprüche auf Leistungen von ersichtlich nicht existentieller Bedeutung eingeräumt, solche Ansprüche unterliegen nicht der Eigentumsgarantie.«[12]

Es ist dementsprechend von entscheidender Bedeutung, ob Maßnahmen der künstlichen Befruchtung als existenzsichernd einzustufen sind. Die Relevanz der Existenz von eigenen Kindern im Hinblick auf die soziale Pflegeversicherung ist vom Bundesverfassungsgericht bereits anerkannt worden[13]. Allerdings geht es

10 *Karl Peters*, in: Kasseler Kommentar Sozialversicherungsrecht, Bd. 1, § 3 SGB V Rn. 7 (Stand der Kommentierung: Mai 1997). Vgl. zum Familienlastenausgleich in der sozialen Pflegeversicherung BVerfGE 103, 242 (259 f.).

11 BVerfGE 69, 272 (302).

12 BVerfGE 69, 272 (303 f.).

13 Siehe BVerfGE 103, 242 (263 ff.). Vgl. etwa *Helge Sodan*, Die Zukunft der sozialen Sicherungssysteme, VVDStRL 64 (2005), 144 (157 f.).

hier nicht um die Berücksichtigung des generativen Beitrags für die Finanzierung eines Sozialversicherungssystems durch Familien, sondern um die Zielsetzung des Anspruchsinhaltes. Derzeit ist der Wunsch nach einem Kind durch künstliche Befruchtung in überwiegendem Maße nicht durch den Aspekt der Alters- oder gegenwärtigen Existenzsicherung begründet. Kennzeichen der aktuellen Gesellschaftslage ist vielmehr, dass gerade im Laufe des letzten Jahrhunderts durch die Sozialversicherungssysteme eine Abkoppelung zwischen Existenzsicherung und Kinderwunsch stattgefunden hat. Daher ist derzeit für den Wunsch nach einem Kind ein bestimmter Lebensentwurf ausschlaggebend, zu dem das Großziehen eigener Kinder gehört. Insofern hat die künstliche Befruchtung zumindest zum aktuellen Zeitpunkt keinen existenzsichernden Charakter.

Es ist allerdings zu bedenken, dass sich dies angesichts der demographischen Entwicklung sowie ihres Einflusses auf die Alterssicherungssysteme ändern und es erneut zu einer Koppelung zwischen Kinderwunsch sowie Alterssicherung kommen kann. Sollte zu diesem Zeitpunkt noch ein zumindest anteiliger Anspruch auf Maßnahmen künstlicher Befruchtung gegeben sein, könnte die Beurteilung der Existenzsicherung anders ausfallen.

4. Ergebnis

Auf Grund des aktuellen Fehlens einer existentiellen Bedeutung der vollen Kostenübernahme künstlicher Befruchtungsmaßnahmen für die Betroffenen ist dieser Anspruch nicht durch die Eigentumsgarantie geschützt.

II. Vereinbarkeit mit dem Grundrecht auf körperliche Unversehrtheit

In Betracht kommt durch die Reduktion des Leistungsumfanges ferner eine Verletzung des in Art. 2 Abs. 2 Satz 1 GG gewährleisteten Rechts auf körperliche Unversehrtheit.

1. Schutzbereich

Art. 2 Abs. 2 Satz 1 GG garantiert jeder Person das Recht auf Leben und körperliche Unversehrtheit. Von diesen beiden Rechtsgütern kommt in Bezug auf die Fortpflanzung das Recht auf körperliche Unversehrtheit in Frage.

Art. 2 Abs. 2 Satz 1 GG schützt die körperliche Unversehrtheit jedenfalls im biologisch-physiologischen Sinne.[14] Dazu gehört insbesondere der Schutz vor Eingriffen in die Fortpflanzungsfähigkeit.

14 Vgl. BVerfGE 56, 54 (73).

Die Fähigkeit, Leben weiterzugeben (= die körperlichen Voraussetzungen der Fortpflanzung) wird durch das Abwehrrecht des Art. 2 Abs. 2 Satz 1 GG gegen direkte staatliche Eingriffe geschützt. Die Fortpflanzungsfähigkeit ist insoweit dem Kernbereich dieses Grundrechts zuzuordnen.

Fraglich ist, ob auch die Wiederherstellung der Fortpflanzungsfähigkeit vom Schutzbereich erfasst ist.

Unter den Grundrechten nimmt das Recht auf körperliche Unversehrtheit eine Sonderstellung ein, denn es schützt keine Tätigkeit, sondern einen Zustand. Bei der Analyse des Schutzbereichs von Art. 2 Abs. 2 Satz 1 GG ist daher zu prüfen, ob und in welchem Umfang die körperlichen Voraussetzungen der Fortpflanzung (= Fortpflanzungsfähigkeit) Schutz genießen und eventuell ein Anspruch auf Wiederherstellung oder zumindest Umgehung der abweichenden Körperfunktion begründet ist.

Die Reichweite des Begriffs der »körperlichen Unversehrtheit« in Art. 2 Abs. 2 Satz 1 GG ist umstritten. Nach herrschender Meinung erwächst daraus ein Schutz vor allem gegenüber Einwirkungen, welche die menschliche Gesundheit im biologisch-physiologischen Sinne beeinträchtigen. Unterhalb dieser Schwelle wird noch das psychische Wohlbefinden geschützt, soweit es sich um Wirkungen handelt, die körperlichen Schmerzen vergleichbar sind, etwa psychisch-seelische Pathologien. Im Übrigen ist das bloße Wohlbefinden nicht geschützt.[15] Eine umfassende Gesundheit, wie sie zum Beispiel die World Health Organization definiert als »Zustand des vollständigen körperlichen, geistigen und sozialen Wohlbefindens und nicht nur das Freisein von Kranksein und Gebrechen«, ist durch das Grundgesetz nicht gewährleistet. Die Verfassung soll danach also nicht einen Optimalzustand körperlichen Wohlbefindens (z. B. vollständige Gesundheit), sondern lediglich den bei einer Person vorgefundenen Ist-Zustand schützen.[16]

Eine derartige Definition des Schutzbereichs hätte zur Folge, dass die künstliche Befruchtung nicht dem Schutzbereich unterfallen könnte. Durch ärztliche Maßnahmen zur Herbeiführung einer Schwangerschaft im Wege einer künstlichen Befruchtung wird nämlich der körperliche Defekt (Eileiterverschluss) nicht beseitigt; die Frau bleibt nach wie vor empfängnisunfähig. Es wird lediglich der natürliche Zeugungsvorgang, der z. B. wegen des Verschlusses der Eileiter nicht zur Befruchtung einer Eizelle führen kann, ersetzt durch die künstliche Befruchtung der Eizelle außerhalb des Körpers.

Bei der In-vitro-Fertilisation werden einer Frau Eizellen entnommen, außerhalb des Körpers mit dem Samen eines Mannes befruchtet und anschließend in die Gebärmutter eingeführt.

Bei der Introcytoplasmatischen Spermieninjektion (ICSI) werden die Spermien direkt in die Eizelle injiziert.

15 *Hans D. Jarass,* in: ders./Bodo Pieroth, Grundgesetz für die Bundesrepublik Deutschland, 8. Aufl. 2006, Art. 2 Rn. 83.

16 Vgl. *Dietrich Murswiek*, in: Michael Sachs (Hrsg.), Grundgesetz. Kommentar, 3. Aufl. 2003, Art. 2 Rn. 150.

Begrifflich wird zwischen homologen und heterologen Maßnahmen unterschieden. Homolog bedeutet, dass die künstliche Befruchtung bei einem Ehepaar mit Eizellen und Samen des Ehepaares durchgeführt wird. Unter den Begriff »heterolog« fallen alle anderen Formen der In-vitro-Fertilisation: Befruchtung einer fremden Eizelle mit dem Samen des Ehemannes, Befruchtung eigener Eizellen der Ehefrau mit dem Samen eines fremden Mannes, künstliche Befruchtungen bei nicht verheirateten Paaren, bei gleichgeschlechtlichen Paaren und bei einer unverheirateten Frau. Künstliche Befruchtungen bei nichtehelichen Lebensgemeinschaften mit Eizellen und Samen des Paares werden aber zum Teil wegen der Identität von sozialen und genetischen Eltern ebenfalls als homolog oder als quasi homolog bezeichnet[17].

Der Ist-Zustand der Patienten ist derjenige der Infertilität; es geht dabei nicht um Wiederherstellung eines einstmals »normalen« Zustandes, sondern um die Umgehung eines körperlichen Defektes, um zumindest die gleichen Folgen herbeiführen zu können wie ein fortpflanzungsfähiger Mensch.

In der Rechtsprechung wird die beeinträchtigte Fortpflanzungsfähigkeit des Ehepartners, der sich in Ausübung seines Selbstbestimmungsrechts gemeinsam mit dem anderen Ehepartner für ein eigenes Kind entscheidet, als eine Krankheit im Sinne der Versicherungsbedingungen angesehen. Die nicht behebbare Unfruchtbarkeit bedeutet oftmals für den sterilen Partner eine erhebliche Einschränkung seines Selbstwertgefühls und kann zu schwerwiegenden Konflikten zwischen den Ehepartnern führen. Auch die organisch bedingte Sterilität als solche ist – unabhängig von ihren konkreten körperlichen Krankheitsursachen – als regelwidriger Körperzustand einzuordnen und der jeweilige sterile Partner als krank im Sinne der Versicherungsbedingungen.[18]

Nach »den in der Rechtsgemeinschaft bestehenden, durch gesetzliche Wertentscheidungen geprägten Überzeugungen« befindet sich eine verheiratete, empfängnisunfähige Frau, die zusammen mit ihrem Ehepartner Kinder haben möchte, in einer tatsächlichen Zwangslage, die es rechtfertigt, nicht nur die Kosten für ärztliche Maßnahmen zur (Wieder-)Herstellung der Empfängnisfähigkeit, sondern auch die Aufwendungen für künstliche Befruchtungen als außergewöhnliche Belastung steuermindernd zu berücksichtigen.[19]

Daraus ließe sich für die verfassungsrechtliche Ebene zweierlei ableiten: Entweder man begreift den Schutzbereich des Grundrechts auf körperliche Unversehrtheit derart, dass er auch die Wiederherstellung eines durchschnittlichen Regelzustandes erfasst, obwohl der Regelzustand zuvor nie bestanden hat, oder man beschränkt die Erfassung von Infertilität durch den Schutzbereich auf den Aspekt der schweren psychischen Pathologie.

17 *Willibald Pschyrembel,* Klinisches Wörterbuch, 259. Aufl. 2002, Stichwort »Insemination«.

18 BGHZ 99, 228 (230 f.); vgl. ferner BGHZ 158, 166 (170 ff.), zur In-vitro-Fertilisation als Heilbehandlung des sterilen Ehemannes; BVerwGE 119, 265 ff.

19 BFHE 183, 476 (479).

Für die erstgenannte Auslegungsvariante spricht die Maxime, Grundrechte möglichst weit zu interpretieren. Folgt man dieser Auslegung, dann erfasst das Recht auf den Zugang zu ärztlicher Hilfe aus Art. 2 Abs. 2 Satz 1 GG auch das Recht, den defekten körperlichen Zustand soweit als möglich einem gesunden Normalzustand anzunähern oder einen Funktionsersatz durchzuführen.

2. *Eingriff*

»In seinem klassischen Gehalt schützt das Recht auf körperliche Unversehrtheit vor gezielten staatlichen Eingriffen, wie Zwangsversuchen an lebenden Menschen, Zwangssterilisationen und ähnlichem«.[20] Die Fähigkeit, Leben weiterzugeben, wird gegen direkte staatliche Eingriffe durch Art. 2 Abs. 2 Satz 1 GG geschützt.[21]

Die Erschwerung der Inanspruchnahme einer medizinischen Behandlung durch Reduktion der versicherungsrechtlichen Kostenübernahme ist jedoch kein unmittelbarer staatlicher Eingriff in die körperliche Unversehrtheit.

Fraglich ist, ob eine Einschränkung der Inanspruchnahme notwendiger ärztlicher Hilfe zur Beseitigung oder Kompensierung körperlicher Defekte einem direkten Eingriff in die körperliche Integrität gleich- oder zumindest nahe steht. Art. 2 Abs. 2 Satz 1 GG schützt auch vor lediglich tatsächlichen Beeinträchtigungen als mittelbaren Folgen des Verhaltens der deutschen öffentlichen Gewalt[22].

In seiner Entscheidung über die Verfassungsbeschwerde gegen die Beschränkung der Spende von Organen durch lebende Spender führte das Bundesverfassungsgericht aus:

> »Art. 2 II 1 GG gibt jedermann das Recht auf Leben und körperliche Unversehrtheit. Diese Verbürgung wird berührt, wenn staatliche Regelungen dazu führen, daß einem kranken Menschen eine nach dem Stand der medizinischen Forschung prinzipiell zugängliche Therapie, mit der eine Verlängerung des Lebens, mindestens aber eine nicht unwesentliche Minderung des Leidens verbunden ist, versagt bleibt. [...] Die angegriffenen Vorschriften stellen auch einen Eingriff in das Grundrecht dar. Der Gesetzgeber hat [...] mit § 8 I 2 TPG zwar nicht zielgerichtet und final in Art. 2 II 1 GG eingegriffen. Als Abwehrrecht sichert das Grundrecht den Einzelnen aber grundsätzlich auch gegen staatliche Maßnahmen, die lediglich mittelbar zu einer Verletzung des Lebens oder der körperlichen Unversehrtheit führen [...]. Die mittelbar hervorgerufene Verletzung muß allerdings das Maß einer als sozialadäquat eingestuften Beeinträchtigung übersteigen und bei einer normativen Betrachtung unter Berücksichtigung der Bedeutung des Schutzguts von Art. 2 II 1 GG als adäquate Folge der staatlichen Tätigkeit dieser normativ zurechenbar sein, darf also weder aus einer

20 BVerfGE 79, 174 (201); vgl. auch bereits BVerfGE 56, 54 (73).

21 *Cathrin Correll*, in: Erhard Denninger/Wolfgang Hoffmann-Riem/Hans-Peter Schneider/Ekkehart Stein (Hrsg.), Kommentar zum Grundgesetz für die Bundesrepublik Deutschland (Reihe Alternativkommentare), 3. Aufl., Art. 2 Abs. 2 Rn. 95 (Stand der Kommentierung: Oktober 2001).

22 Vgl. BVerfGE 66, 39 (60). Siehe allgemein zum Grundrechtsschutz gegen mittelbare Beeinträchtigungen *Helge Sodan/Jan Ziekow*, Grundkurs Öffentliches Recht. Staats- und Verwaltungsrecht, 2005, § 24 Rn. 7 ff.

selbständig zu verantwortenden Tätigkeit Dritter resultieren noch auf einer schicksalhaften Fügung beruhen. [...] In Anbetracht der Bedeutung der Schutzverbürgungen des Art. 2 II 1 GG erreichen die von § 8 I 2 TPG ausgehenden Beeinträchtigungen der Therapiemöglichkeiten von Patienten, die auf Ersatzorgane angewiesen sind, Eingriffsqualität.«[23]

Die Minderung des Leidens an Sterilität durch die Möglichkeit der Schwangerschaft nach künstlicher Befruchtung ist eine anerkannte Heilbehandlung. Bei der organischen Sterilität kann die Inanspruchnahme von Methoden der medizinisch assistierten Fortpflanzung zu einer Umgehung oder Kompensierung der defekten Körperfunktionen führen, was entsprechend den für die Kostenübernahme von gesetzlichen und privaten Krankenversicherungsträgern aufgestellten Grundsätzen für das Vorliegen einer Behandlung von Krankheit als ausreichend anzusehen ist[24]. Die durch das GMG erfolgte Kürzung des Leistungsumfangs für medizinische Maßnahmen zur Herbeiführung einer Schwangerschaft dürfte allerdings noch nicht ein Ausmaß erreichen, das nach der oben zitierten Rechtsprechung des Bundesverfassungsgerichts zur Feststellung eines staatlichen *Eingriffs* in das Grundrecht auf körperliche Unversehrtheit führt.

3. *Staatliche Schutzpflicht*

Art. 2 Abs. 2 Satz 1 GG hat jedoch nicht nur einen abwehrrechtlichen Charakter. Eine wichtige Konsequenz der Deutung der Grundrechte als objektive Werteordnung[25] ist die Begründung von Schutzpflichten. Eine ausgeprägte Judikatur des Bundesverfassungsgerichts besteht insoweit vor allem zu den Grundrechten auf Leben und körperliche Unversehrtheit. Danach folgt aus dem »objektiv-rechtlichen Gehalt die Pflicht der staatlichen Organe, sich schützend und fördernd vor die in Art. 2 Abs. 2 GG genannten Rechtsgüter zu stellen und sie insbesondere vor rechtswidrigen Eingriffen von seiten anderer zu bewahren«[26]. Der Staat ist insoweit also nicht zur Unterlassung verpflichtet, sondern zum Handeln aufgefordert. In diesem Zusammenhang hebt das Bundesverfassungsgericht auch Art. 1 Abs. 1 Satz 2 GG hervor, wonach es Verpflichtung aller staatlichen Gewalt ist, die Würde des Menschen zu achten und zu schützen: »Daraus können sich verfassungsrechtliche Schutzpflichten ergeben, die es gebieten, rechtliche Regelungen so auszugestalten, daß auch die Gefahr von Grundrechtsverletzungen eingedämmt bleibt«[27].

23 BVerfG, NJW 1999, 3399 (3400 f.).

24 *Reinhart Rüsken*, Künstliche Befruchtung als Heilbehandlung. Zur steuermindernden Berücksichtigung von Kosten homo- und heterologer Befruchtung, NJW 1998, 1745 (1746); vgl. auch *Wolfgang Eicher*, Die In-vitro-Fertilisation als Leistung der gesetzlichen Krankenkassen im Rahmen der Sterilitätsbehandlung der Frau, MedR 1986, 265 (267).

25 Siehe dazu näher *Sodan/Ziekow* (Fn. 22), § 22 Rn. 14 ff.

26 BVerfGE 56, 54 (73); vgl. ferner BVerfGE 39, 1 (41); 46, 160 (164); 49, 89 (142); 53, 30 (57); 77, 170 (214 f.); 79, 174 (201 f.); 88, 203 (251).

27 BVerfGE 49, 89 (142). Vgl. auch BVerfGE 88, 203 (251).

Die gerichtliche Überprüfbarkeit der Erfüllung von Schutzpflichten stößt allerdings auf Grenzen.[28] Dem Gesetzgeber und der vollziehenden Gewalt kommen nach der Rechtsprechung des Bundesverfassungsgerichts bei der Erfüllung grundrechtlicher Schutzpflichten »ein weiter Einschätzungs-, Wertungs- und Gestaltungsbereich zu, der auch Raum läßt, etwa konkurrierende öffentliche und private Interessen zu berücksichtigen«[29]. »Diese *weite Gestaltungsfreiheit* kann von den Gerichten je nach Eigenart des in Rede stehenden Sachbereichs, den Möglichkeiten, sich ein hinreichend sicheres Urteil zu bilden und der Bedeutung der auf dem Spiele stehenden Rechtsgüter nur in begrenztem Umfang überprüft werden«.[30]

Das Bundesverfassungsgericht hat in seiner Rechtsprechung für eine Feststellung der Verletzung einer grundrechtlichen Schutzpflicht wiederholt zur Voraussetzung erhoben, dass die staatlichen Organe entweder »gänzlich untätig geblieben« oder »die bisher getroffenen Maßnahmen evident unzureichend sind«[31]. Auf der Grundlage einer solchen *Evidenzkontrolle* verneinte das Bundesverfassungsgericht jeweils Verletzungen der Schutzpflicht für Leben und körperliche Unversehrtheit durch das Unterlassen von Nachbesserungen bei der Fluglärmbekämpfung[32], durch gesetzliche Vorschriften im Bauleitplanungs- und Immissionsschutzrecht für die Straßenfestsetzung in Bezug auf den Lärmschutz[33], durch Regelungen von Verkehrsverboten zur kurzfristigen Bekämpfung erhöhter Ozonkonzentrationen[34], durch Unterlassen der Festsetzung von Geschwindigkeitsbeschränkungen im Straßenverkehr[35] und einer Verstärkung des Nichtraucherschutzes[36].

Dem Staat wird danach im Regelfall ein weites Auswahlermessen bei Erfüllung des Schutzauftrags für Leben und körperliche Unversehrtheit unter dem Vorbehalt des Möglichen zugesprochen.

Nach der Rechtsprechung des Bundesverfassungsgerichts räumt Art. 2 Abs. 2 Satz 1 GG einem Versicherten regelmäßig keinen verfassungsrechtlichen Anspruch gegen seine gesetzliche Krankenkasse auf Bereitstellung bestimmter und insbesondere spezieller Gesundheitsleistungen ein[37]. Der Erste Senat des Bundesverfassungsgerichts hat jedoch in einem Beschuss vom 6. Dezember 2005 ausgeführt: »Übernimmt der Staat mit dem System der gesetzlichen Krankenversiche-

28 Siehe dazu im Einzelnen *Helge Sodan*, Der Anspruch auf Rechtsetzung und seine prozessuale Durchsetzbarkeit, NVwZ 2000, 601 (603 ff.).

29 BVerfGE 77, 170 (214 f.); 79, 174 (202); BVerfG (Kammerbeschl.), NJW 1996, 651.

30 BVerfGE 77, 170 (215) – ohne Hervorhebung. Vgl. auch bereits BVerfGE 56, 54 (80 f.).

31 BVerfG (Kammerbeschl.), NJW 1996, 651; NJW 1998, 2961 (2962); vgl. ferner BVerfGE 85, 191 (212); 89, 276 (286); 92, 26 (46).

32 BVerfGE 56, 54 (80 ff.).

33 BVerfGE 79, 174 (202).

34 BVerfG (Kammerbeschl.), NJW 1996, 651.

35 BVerfG (Kammerbeschl.), NJW 1996, 651 (652).

36 BVerfG (Kammerbeschl.), NJW 1998, 2961 (2962).

37 Vgl. BVerfGE 77, 170 (215); 79, 174 (202); BVerfG (Kammerbeschl.), NJW 1997, 3085; BVerfG (Kammerbeschl.), NJW 1998, 1775 (1776); BVerfG, NZS 2006, 84 (86).

rung Verantwortung für Leben und körperliche Unversehrtheit der Versicherten, so gehört die Vorsorge in Fällen einer lebensbedrohlichen oder regelmäßig tödlichen Erkrankung unter den genannten Voraussetzungen zum Kernbereich der Leistungspflicht und der von Art. 2 Abs. 2 Satz 1 GG geforderten Mindestversorgung«.[38] Diese Entscheidung bezieht sich ausdrücklich nur auf lebensbedrohliche oder regelmäßig tödliche Erkrankungen und lässt sich daher im Fall des Leistungsumfangs für Maßnahmen der künstlichen Befruchtung nicht zur Begründung einer Verletzung staatlicher Schutzpflicht heranziehen.

Die ansonsten vom Bundesverfassungsgericht praktizierte Evidenzkontrolle führt hier zu dem Ergebnis, dass der nach der Änderung des § 27a SGB V durch das GMG verbliebene, deutlich reduzierte Kostenübernahmeanspruch zur Sicherung der körperlichen Unversehrtheit nicht »völlig unzulänglich« ist. Eine Verletzung der staatlichen Schutzpflicht für das Grundrecht der körperlichen Unversehrtheit scheidet daher aus.

4. Ergebnis

Als Ergebnis bleibt festzuhalten, dass die Regelung des § 27a SGB V nicht gegen das Grundrecht der gesetzlich Krankenversicherten auf körperliche Unversehrtheit verstößt.

III. Vereinbarkeit mit dem Grundrecht auf Familiengründung

1. Schutzbereich

Nach Art. 6 Abs. 1 GG stehen Ehe und Familie unter dem besonderen Schutz der staatlichen Ordnung. Diese Vorschrift enthält damit ein Abwehrrecht gegenüber staatlichen Beeinträchtigungen von Ehe und Familie. Der Schutz von Ehe und Familie umfasst die Familie als Beziehungsgeflecht zwischen Eltern und Kindern, seien die Eltern miteinander oder nicht miteinander verheiratet und die Kinder natürlich, homolog oder heterolog gezeugt.[39]

In der rechtswissenschaftlichen Diskussion ist die normative Verortung des Rechts auf Familiengründung noch nicht abschließend geklärt[40]. Bisher wurde die Entscheidung für die Familiengründung, das Recht zur Entscheidung, ob, wann und wie viele Kinder ein Paar haben möchte, als Teil der Freiheit der Eheführung

38 BVerfG, NZS 2006, 84 (88).
39 *Bodo Pieroth/Bernhard Schlink*, Grundrechte. Staatsrecht II, 21. Aufl. 2005, Rn. 642.
40 Vgl. unten S. 67 ff.

und -gestaltung betrachtet[41]. Aufgrund des Abkoppelungsprozesses von Ehe und Familie in der Gesellschaft sollte die Entscheidung für Kinder als zumindest auch zum Schutzbereich der Familie zugeordnet werden. Zu Recht wird gefordert, die veränderten sozialen Verhältnisse auch grundrechtsdogmatisch zu reflektieren[42]. *Gerhard Robbers* etwa ordnet *die Entscheidung für die Gründung einer Familie* bereits dem Schutzbereich der Familie zu, nicht dem der Ehe[43].

Mit einer zusätzlichen Einbeziehung der Entscheidung, Kinder zu bekommen, in den Schutzbereich der Familie ist jedoch nicht gesagt, dass diese Entscheidung dem Schutzbereich der Ehegestaltungsfreiheit als Verkörperung des verfassungsrechtlichen Leitbildes entzogen würde. Ob die Entscheidung für die Familiengründung bei Ehepaaren über Art. 6 Abs. 1 Alt. 2 GG (Schutz der Familie) gewährleistet wird, spielt insoweit daher keine Rolle, da zumindest nach aktuell noch vorherrschendem Meinungsbild der Schutzbereich des Art. 6 Abs. 1 Alt. 1 GG (Schutz der Ehe) eröffnet ist. Der Schutzbereich reicht von der Familiengründung bis in alle Bereiche familiären Zusammenlebens. Mithin sind Verheiratete in ihrem Wunsch der Familiengründung durch Art. 6 Abs. 1 Alt. 1 GG geschützt.

2. *Eingriff*

Für die Familie bedeutet Art. 6 Abs. 1 GG als Abwehrrecht, dass der Staat die Freiheit der Familiengründung im Prinzip ermöglichen muss; Zwangssterilisation und andere Beschränkungen der Fortpflanzungsmöglichkeiten bedürfen einer besonderen Legitimation.[44] Eingriffe in den Schutzbereich sind alle staatlichen Maßnahmen, welche die Ehe oder Familie schädigen, stören oder sonst beeinträchtigen.[45]

Die Regelung des § 27a Abs. 3 SGB V stellt einen Eingriff in den Schutzbereich des Art. 6 Abs. 1 GG dar. Indem § 27a Abs. 3 Satz 3 SGB V in der Fassung von Art. 1 Nr. 14 Buchst. b GMG bestimmt, dass die Krankenkasse lediglich 50 Prozent der mit dem Behandlungsplan genehmigten Kosten der bei ihrem Versicherten durchgeführten Maßnahmen übernimmt, werden die Betroffenen in ihrem Grundrecht auf Familiengründung aus Art. 6 Abs. 1 GG beeinträchtigt. Die Möglichkeit der Familiengründung wird mithin für diejenigen Paare eingeschränkt, die aus medizinischen Gründen auf eine künstliche Befruchtung angewiesen sind und nicht über die nötigen finanziellen Mittel verfügen, um diesen Wunsch in die

41 Siehe dazu etwa BVerfGE 76, 1 (42); *Rolf Gröschner*, in: Horst Dreier (Hrsg.), Grundgesetz. Kommentar, Bd. I, 2. Aufl. 2004, Art. 6 Rn. 63 ff.; *Sodan/Ziekow* (Fn. 22), § 34 Rn. 3; *Klaus Stern*, Das Staatsrecht der Bundesrepublik Deutschland, Bd. IV/1, 2006, § 100 IV 4 (S. 409).

42 *Gröschner* (Fn. 41), Art. 6 Rn. 69.

43 *Gerhard Robbers*, in: Hermann von Mangoldt/Friedrich Klein/Christian Starck (Hrsg.), Kommentar zum Grundgesetz, Bd. 1, 5. Aufl. 2005, Art. 6 Rn. 92.

44 *Dagmar Coester-Waltjen*, in: Ingo von Münch/Philip Kunig (Hrsg.), Grundgesetz-Kommentar, Bd. 1, 5. Aufl. 2000, Art. 6 Rn. 32.

45 Vgl. BVerfGE 81, 1 (6).

Tat umzusetzen. Dabei ist insbesondere zu beachten, dass der Einzelne unter den Voraussetzungen des § 5 SGB V einer Versicherungspflicht unterworfen und ihm für seine an der wirtschaftlichen Leistungsfähigkeit ausgerichteten Beiträge die notwendige Krankheitsbehandlung gesetzlich zugesagt ist, er im Falle einer künstlichen Befruchtung aber auf eine 50-prozentige Finanzierung der Behandlung außerhalb der gesetzlichen Krankenversicherung verwiesen wird.[46]

3. Verfassungsrechtliche Rechtfertigung

Maßnahmen, welche die Bereitschaft mindern, Kinder zu haben, sind verfassungswidrig, wenn sie nicht durch überwiegende andere verfassungsrechtlich geschützte Belange gerechtfertigt sind.[47] In Anschluss an diese Überlegungen sind auch bereits die Familiengründung behindernde Regelungen durch einen gewichtigen Gemeinwohlbelang zu legitimieren.

a) Kollidierendes Verfassungsrecht?

Da die Rechtsgüter in Art. 6 Abs. 1 GG vorbehaltlos gewährleistet sind, kommt hierzu lediglich kollidierendes Verfassungsrecht in Betracht.

»Nur kollidierende Grundrechte Dritter und andere mit Verfassungsrang ausgestattete Rechtswerte sind mit Rücksicht auf die Einheit der Verfassung und die von ihr geschützte gesamte Wertordnung ausnahmsweise imstande, auch uneinschränkbare Grundrechte in einzelnen Beziehungen zu begrenzen. Dabei auftretende Konflikte lassen sich nur lösen, indem ermittelt wird, welche Verfassungsbestimmung für die konkret zu entscheidende Frage das höhere Gewicht hat [...]. Die schwächere Norm darf nur so weit zurückgedrängt werden, wie das logisch und systematisch zwingend erscheint; ihr sachlicher Grundwertgehalt muß in jedem Fall respektiert werden.«[48] Ein Konflikt ist nach dem Grundsatz praktischer Konkordanz zu lösen.[49] Danach werden verfassungsrechtlich geschützte Rechtsgüter in der Problemlösung einander so zugeordnet, dass jedes von ihnen Wirklichkeit gewinnt; aus dem Prinzip der Einheit der Verfassung folgt die Aufgabe einer Optimierung.[50]

Kollidierende Grundrechte Dritter sind zur Rechtfertigung der mit § 27a Abs. 3 Satz 3 SGB V verbundenen Eingriffe in das Grundrecht auf Familiengründung nicht ersichtlich.

46 Vgl. dazu BVerfG, NZS 2006, 84 (88).
47 *Robbers* (Fn. 43).
48 BVerfGE 28, 243 (261). Vgl. etwa auch BVerfGE 30, 173 (193); 84, 212 (228).
49 BVerfGE 93, 1 (21).
50 *Konrad Hesse*, Grundzüge des Verfassungsrechts der Bundesrepublik Deutschland, 20. Aufl. 1995, Rn. 72.

Sonstige mit Verfassungsrang ausgestattete Rechtsgüter wurden durch die Rechtsprechung des Bundesverfassungsgerichts »in zum Teil bedenklicher Weite und Allgemeinheit anerkannt«[51]. Beispielhaft zu nennen sind die »Einrichtung und Funktionsfähigkeit der Bundeswehr«[52], »eine bestmögliche Krankenversorgung«[53] und eine »funktionstüchtige Rechtspflege«[54]. Hier kommt der bereits einleitend genannte Gemeinwohlbelang der Sicherung der finanziellen Stabilität und damit der Funktionsfähigkeit der gesetzlichen Krankenversicherung in Betracht.[55] In einem Beschluss aus dem Jahre 1984 bezeichnete der Erste Senat des Bundesverfassungsgerichts die »Sicherung der finanziellen Stabilität der gesetzlichen Krankenversicherung« – allerdings ohne Begründung – als »eine Gemeinwohlaufgabe, welche der Gesetzgeber nicht nur verfolgen darf, sondern der er sich nicht einmal entziehen dürfte«; ihr diene die Kostendämpfung im Gesundheitswesen[56]. Ob diesem Gemeinwohlbelang damit vom Bundesverfassungsgericht ein Verfassungsrang zugesprochen werden sollte, ist allerdings durchaus zweifelhaft. So heißt es etwa in einem Beschluss des Ersten Senats des Bundesverfassungsgerichts von 2001: »Soll die Gesundheitsversorgung der Bevölkerung mit Hilfe eines Sozialversicherungssystems erreicht werden, stellt auch dessen Finanzierbarkeit einen überragend wichtigen Gemeinwohlbelang dar, von dem sich der Gesetzgeber bei der Ausgestaltung des Systems und bei der damit verbundenen Steuerung des Verhaltens der Leistungserbringer leiten lassen darf.«[57] Unklar bleibt allerdings auch nach dieser neueren Rechtsprechung des Bundesverfassungsgerichts, ob die Sicherung der finanziellen Stabilität und damit der Funktionsfähigkeit der gesetzlichen Krankenversicherung als solcher Verfassungsrang genießt. Im Schrifttum wird teilweise ein Verfassungsrang zumindest der gesetzlichen Krankenversicherung als solcher zugesprochen[58].

b) Vereinbarkeit mit dem Grundsatz der Verhältnismäßigkeit

Geht man entgegen der genannten Bedenken von einem hier mit Art. 6 Abs. 1 GG kollidierenden, mit Verfassungsrang ausgestatteten Rechtsgut aus, so bedarf es

51 So zutreffend *Horst Dreier*, in: ders. (Hrsg.), Grundgesetz. Kommentar, Bd. I, 2. Aufl. 2004, Vorb. vor Art. 1 Rn. 140.

52 BVerfGE 28, 243 (261); 69, 1 (21).

53 BVerfGE 57, 70 (99).

54 BVerfGE 33, 23 (32). Siehe jedoch auch die selbstkritischen Hinweise in BVerfGE 77, 240 (255); 81, 278 (293).

55 Vgl. dazu die Begründung zum Gesetzentwurf der Fraktionen SPD, CDU/CSU und Bündnis 90/Die Grünen vom 8. September 2003, BT-Drucks. 15/1525, S. 1 ff., 71 ff., 83.

56 BVerfGE 68, 193 (218); vgl. etwa ferner BVerfG (Kammerbeschl.), NJW 2000, 1871.

57 BVerfGE 103, 172 (185). Siehe auch BSGE 94, 50 (102).

58 Siehe etwa *Joachim Burmeister*, Vom staatsbegrenzenden Grundrechtsverständnis zum Grundrechtsschutz für Staatsfunktionen, 1971, S. 21 ff., 97 ff.; *Jörg Müller-Vollbehr*, Sozialverfassung, Sozialpolitik und Sozialreform, ZRP 1984, 262 (266); *Rüdiger Zuck*, in: Michael Quaas/Rüdiger Zuck, Medizinrecht, 2005, § 81 Rn. 17.

allerdings der Prüfung der Vereinbarkeit mit dem Grundsatz der Verhältnismäßigkeit.

aa) *Legitimer Zweck*

Die Verhältnismäßigkeit von § 27a Abs. 3 Satz 3 SGB V in der Fassung von Art. 1 Nr. 14 Buchst. b GMG setzt zunächst voraus, dass der Gesetzgeber mit dieser Regelung einen legitimen Zweck verfolgt. Dieser ist sogar dann gegeben, wenn die Vorschrift nicht der Verwirklichung eines Rechtsguts mit Verfassungsrang dient. Denn die Sicherung der finanziellen Stabilität und damit der Funktionsfähigkeit der gesetzlichen Krankenversicherung ist nach der Rechtsprechung des Bundesverfassungsgerichts jedenfalls ein wichtiger Gemeinwohlbelang.

bb) *Eignung*

Ein Mittel ist im Sinne des Grundsatzes der Verhältnismäßigkeit geeignet, »wenn mit seiner Hilfe der gewünschte Erfolg gefördert werden kann«.[59] Das Mittel muss also nicht optimal, sondern nur der Zweckerreichung dienlich sein.[60]

Zwar hat das Bundesverfassungsgericht dem Gesetzgeber im Rahmen von dessen wirtschafts-, arbeits- und sozialpolitischen Entscheidungsfreiheit einen grundsätzlich nicht nachprüfbaren *Prognosespielraum* bzw. eine *Einschätzungsprärogative* hinsichtlich der Ungewissheit über die Auswirkungen eines Gesetzes eingeräumt und sich darauf beschränkt, unter Berücksichtigung des zu prüfenden Sachbereichs, der Beurteilungsmöglichkeit und der Bedeutung der betroffenen Rechtsgüter eine Evidenzkontrolle[61], eine Vertretbarkeitskontrolle[62] oder eine weitgehende inhaltliche Kontrolle[63] durchzuführen. Der vom Gesetzgeber angestrebte Erfolg muss aber bei einer ex-ante-Betrachtung zumindest als möglich erscheinen.[64] Das eingesetzte Mittel ist also nicht geeignet und daher unverhältnismäßig, wenn es »objektiv untauglich«[65], »objektiv ungeeignet«[66] oder »schlechthin ungeeignet«[67] ist. Es kommt folglich darauf an, ob sich der Gesetzgeber an einer sachgerechten und vertretbaren Beurteilung des erreichbaren Datenmaterials orientiert und die ihm zugänglichen Erkenntnisquellen ausgeschöpft hat, um die voraussichtlichen Auswirkungen der Regelung so zuverlässig wie

59 BVerfGE 30, 292 (316); 33, 171 (187); vgl. ferner BVerfGE 90, 145 (172); 100, 313 (373).
60 *Dreier* (Fn. 51), Vorb. vor Art. 1 Rn. 147.
61 Vgl. BVerfGE 37, 1 (20); 40, 196 (223).
62 Vgl. BVerfGE 25, 1 (12 ff.); 30, 250 (263); 50, 290 (333 f.); 77, 84 (106).
63 Vgl. BVerfGE 7, 377 (415); 17, 269 (276 ff.); 45, 187 (237 ff.).
64 Vgl. BVerfGE 25, 1 (12 f.); 30, 250 (263); 67, 157 (175); 96, 10 (23).
65 BVerfGE 16, 147 (181).
66 BVerfGE 17, 306 (317) betreffend Mitfahrerzentralen (Untauglichkeit des Mittels bejaht).
67 BVerfGE 19, 119 (127); 73, 301 (317).

möglich abschätzen zu können.[68] Über Wertungen und tatsächliche Beurteilungen des Gesetzgebers kann sich das Bundesverfassungsgericht jedenfalls dann »hinwegsetzen, wenn sie widerlegbar sind«[69]. Die Anforderungen an die Geeignetheit einer Maßnahme und damit an den Grad der Sicherheit einer Prognose »steigen proportional zur Intensität der Freiheitsbeschränkung«.[70]

Das Ziel des GMG war das Schließen der genannten Finanzierungslücke. Die Schaffung der Regelungen betreffend die künstliche Befruchtung ist jedoch zur Erreichung dieses Zwecks untauglich. Durch diese Regelungen wird die Lücke nicht geschlossen, sondern erweitert – indem der Zeugung neuer Beitragszahler im Rahmen der künstlichen Befruchtung so hohe finanzielle Hürden gesetzt werden, dass sich die wenigsten Paare eine Behandlung noch leisten können. Die Finanzierungslücke in der gesetzlichen Krankenversicherung ergibt sich vor allem aus den sinkenden Beitragszahlungen. Diese erklären sich wesentlich durch die allgemeine demographische Entwicklung, die durch zunehmende Lebenserwartung bei gleichzeitigem Geburtenrückgang gekennzeichnet ist. Dabei ist jede sechste Partnerschaft heute ungewollt kinderlos. Jährlich nehmen 200.000 Paare den Rat von spezialisierten Ärzten in Anspruch. Im Jahr 2001 ist bei 40.000 Geburten eine Sterilitätstherapie vorausgegangen. Bei 12.000 Geburten davon – nämlich 1,6 Prozent aller Geburten – handelte es sich um künstliche Befruchtungen, welche die gesetzlichen Krankenkassen insgesamt 120 Millionen Euro kosteten. Diese 12.000 Kinder werden Schätzungen zufolge im Laufe ihres Lebens ca. 7 Milliarden Euro an die Sozialversicherungen zahlen, davon 1,3 Milliarden Euro an die gesetzliche Krankenversicherung. Die Kaufmännische Krankenkasse (KKH) berichtete am 25. August 2004 in Hannover, die Zahl der Geburten in ihrem Mitgliedsbereich sei im ersten Halbjahr 2004 um rund 10 Prozent im Vergleich zum Vorjahr gesunken. Dem Vorstandschef der KKH, *Kailuweit,* zufolge gehen Reproduktionsmediziner von einem zusätzlichen Geburtenrückgang von 10.000 aufgrund der neuen Rechtslage aus[71].

Durch die Rückführung der Kostenübernahme bei künstlicher Befruchtung auf 50 Prozent ist zumindest § 27a Abs. 3 Satz 3 SGB V in der Fassung von Art. 1 Nr. 14 Buchst. b GMG zur Konsolidierung der Finanzierungsgrundlagen der gesetzlichen Krankenversicherung nicht geeignet. Mit dieser Kostenregelung wurden die Grenzen des Gesetzgebers im Hinblick auf seinen Einschätzungsspielraum zur Tatsachenlage überschritten. Um nämlich beurteilen zu können, ob eine staatliche Maßnahme geeignet ist, einen beabsichtigten Zweck zu fördern, muss man im Zeitpunkt des Gesetzeserlasses über ein zutreffendes Bild hinsichtlich der tatsächlichen Gegebenheiten verfügen und die richtigen Prognosen über den Ver-

68 BVerfGE 50, 290 (333 f.). Vgl. dazu ferner BVerfGE 90, 145 (173).

69 BVerfGE 45, 187 (238).

70 SG München, SGb. 1996, 134 (135).

71 KKH Kaufmännische Krankenkasse, Presseerklärung vom 6. August 2005, Presseerklärung vom 25. August 2004; weitere Informationen bei Wunschkind e. V. unter www.wunschkind.de/presse.

lauf zukünftiger Entwicklungen unter Berücksichtigung der staatlichen Maßnahme stellen.

Zwar kann der Gesetzgeber, wenn es um die Regelung komplexer Sachverhalte geht, eine angemessene Zeit zur Sammlung von Erkenntnissen und Erfahrungen beanspruchen. In dieser Zeit darf er sich mit gröberen Generalisierungen begnügen. Damit einhergehende Ungerechtigkeiten geben erst dann Anlass zur verfassungsrechtlichen Beanstandung, wenn der Gesetzgeber seine Regelung nicht anhand inzwischen möglicher Erkenntnisse und Erfahrungen überprüft und auf den Versuch einer sachgerechten Lösung verzichtet hat.[72]

Dazu führte das Bundesverfassungsgericht zur Berücksichtigungspflicht der Erziehungsleistung von Familien aus:

> »Schon 1994 war jedoch erkennbar, dass die Zahl der Kindererziehenden in den letzten Jahren dramatisch abgenommen hat. Der Gesetzgeber konnte zu diesem Zeitpunkt nicht mehr davon ausgehen, dass die beitragspflichtig Versicherten in ihrer ganz überwiegenden Mehrheit neben den Beitragsleistungen durch das Aufziehen von Kindern zur nachhaltigen Stabilisierung und Finanzierung der Leistungen der sozialen Pflegeversicherung beitragen werden [...] In Deutschland ist seit Mitte der sechziger Jahre die Zahl der Lebendgeborenen je Frau von 2,49 in rascher Folge auf mittlerweile 1,3 gesunken. [...] Die beschriebene Entwicklung war schon 1994 erkennbar und vom Gesetzgeber bei Erlass des SGB XI zu berücksichtigen.«[73]

Aus den Gesetzesmaterialien zu Art. 1 Nr. 14 Buchst. b GMG[74] ist nicht ersichtlich, dass der Gesetzgeber sich dieser Auswirkung seiner Regelung auf den verfolgten Zweck überhaupt bewusst war. Insofern hat der Gesetzgeber gegen seine Einschätzungsprärogative im Hinblick auf die Tatsachenlage verstoßen.

Trifft den Gesetzgeber bereits eine Nachbesserungspflicht, wenn sich im Nachhinein herausstellt, dass er bei einer Prognose von unrichtigen Annahmen ausgegangen ist, so muss dies erst recht gelten, wenn er – wie hier – gar keine Prognose vorgenommen hat. Der Gesetzgeber hatte zumindest die verfassungsrechtliche Pflicht zur Vornahme einer solchen Prognose. Dieser ist er bezüglich Art. 1 Nr. 14 Buchst. b GMG nicht nachgekommen.

cc) Erforderlichkeit

Erwiese sich die Regelung in § 27a Abs. 3 Satz 3 SGB V entgegen den soeben angestellten Überlegungen als geeignet, so müsste sie ferner erforderlich sein, um dem Grundsatz der Verhältnismäßigkeit gerecht zu werden.

Das gewählte Mittel ist erforderlich, wenn sich der Zweck der staatlichen Maßnahme nicht durch ein anderes, gleich wirksames Mittel erreichen lässt, welches das betroffene Grundrecht nicht oder weniger stark einschränkt.[75] Es kommt also

72 BVerfGE 100, 59 (101); 103, 242 (267).
73 BVerfGE 103, 242 (267 f.).
74 Siehe BT-Drucks. 15/1525, S. 83.
75 Vgl. etwa BVerfGE 30, 292 (316); 63, 88 (115); 78, 38 (50); 90, 145 (172).

darauf an, ob ein »milderes Mittel« ersichtlich ist[76], welches aber eben die gleiche Effektivität aufweisen muss.

Der Gesetzgeber musste zur Erreichung des von ihm verfolgten Zwecks keine 50-prozentige Kürzung der Übernahme der Kosten der künstlichen Befruchtung vornehmen. Er hätte als milderes Mittel – bei gleich bleibender Kostenbelastung – anstatt drei Zyklen zu je 50 Prozent zu finanzieren, z. B. den ersten Zyklus voll und den zweiten zur Hälfte unter Ausschluss der Kostenübernahme für einen dritten oder den zweiten und dritten jeweils zu 25 Prozent finanzieren können. Die Vollfinanzierung des ersten Zyklusses würde eine signifikante finanzielle Erleichterung für die Paare bedeuten und wäre bei einer 25-prozentigen Wahrscheinlichkeit der Empfängnis auch angemessen. Zudem würde dies Ehepaaren, die durch künstliche Befruchtung ihr Grundrecht auf Familiengründung wahrnehmen wollen, eine vergleichbare Chance auf Schwangerschaft einräumen wie Eltern, die dies auf natürlichem Wege versuchen. Die Erfolgsquote von 20 bis 30 Prozent auf eine Schwangerschaft beim ersten Versuch entspricht der Wahrscheinlichkeit einer »Spontanschwangerschaft«. Insofern wäre dadurch zumindest die Chancengleichheit der Elternpaare gewährleistet. Das Mittel der vorgeschlagenen Allokation der Kostenübernahme wäre somit ein milderes, grundrechtskonformeres Mittel bei gleichem Effekt für die Kostensenkung. Es gibt mithin ein grundrechtserheblich milderes Mittel als die bestehende Regelung.

dd) Zumutbarkeit

Ginge man hier dennoch von der Erforderlichkeit der Regelung aus, so käme es schließlich auf die Zumutbarkeit für die betroffenen Grundrechtsträger an. Diese wird auch als Angemessenheit, Proportionalität oder Verhältnismäßigkeit im engeren Sinne bezeichnet. Dabei geht es um die Herstellung einer Zweck-Mittel-Relation, um eine übermäßige Belastung des Betroffenen ermitteln zu können.

Das Bundesverfassungsgericht sieht den Sinn dieser letzten Stufe der Verhältnismäßigkeitsprüfung darin, »die als geeignet und erforderlich erkannten Maßnahmen einer gegenläufigen Kontrolle im Blick darauf zu unterwerfen, ob die eingesetzten Mittel unter Berücksichtigung der davon ausgehenden Grundrechtsbeschränkungen für den Betroffenen noch in einem angemessenen Verhältnis zu dem dadurch erreichbaren Rechtsgüterschutz stehen. [...] Daraus folgt, daß unter Umständen der an sich in legitimer Weise angestrebte Schutz zurückstehen muß, wenn das eingesetzte Mittel zu einer unangemessenen Beeinträchtigung der Rechte des Betroffenen führen würde.«[77] Die (verfassungs)gerichtliche *Überprüfungs*zuständigkeit darf nicht mit der *Abwägungs*zuständigkeit gleichgesetzt werden; denn es ist eine prinzipiell vom demokratischen Gesetzgeber zu beantwortende »Frage der *Wertung*, mit welchem Gewicht die konkreten öffentlichen In-

76 So ausdrücklich BVerfGE 91, 207 (222).
77 BVerfGE 90, 145 (185).

teressen in die Rechtsgüterabwägung einfließen und mit welchem Abwägungsergebnis sie gegen die Intensität des Grundrechtseingriffs saldiert werden«.[78] Demgemäß beschränkt sich das Bundesverfassungsgericht auf die Prüfung, ob »bei einer Gesamtabwägung zwischen der Schwere des Eingriffs und dem Gewicht der ihn rechtfertigenden Gründe die Grenze der Zumutbarkeit noch gewahrt« ist[79]. Mit anderen Worten: Es kommt darauf an, ob das Maß der den Einzelnen »treffenden Belastung noch in einem vernünftigen Verhältnis zu den der Allgemeinheit erwachsenden Vorteilen« steht[80].

Für die hier vorzunehmende Gesamtabwägung ist zu beachten, dass Art. 6 Abs. 1 GG nach der Rechtsprechung des Bundesverfassungsgerichts eine wertentscheidende Grundsatznorm für den gesamten Bereich des Ehe und Familie betreffenden privaten und öffentlichen Rechts ist[81]. Das aus der objektiv-institutionellen Komponente folgende Schutz- und Förderungsgebot umfasst einerseits den bindenden Auftrag an den Staat, Ehe und Familie durch positive Maßnahmen insbesondere durch das Sozialversicherungsrecht zu unterstützen.[82] In diesem Sinne stellt Art. 6 Abs. 1 GG ein soziales Grundrecht dar, das insoweit eine bereichsspezifische Verdeutlichung der allgemeinen Sozialstaatsklausel enthält.[83]

Trotz der deutlicheren Konturierung seitens des Grundgesetzes hat der Gesetzgeber auch im Bereich der sozialen Unterstützung für Ehe, Familie und Mutterschaft einen Gestaltungsraum, der grundsätzlich zur Rückholung von Leistungen und Vorteilen berechtigt. Das Bundesverfassungsgericht verweist insofern auf seine Vorstellung, wonach der Gesetzgeber durch Art. 6 Abs. 1 GG prinzipiell zur Schaffung und Beibehaltung familienunterstützender Regelungen verpflichtet, nicht jedoch auf bestimmte Leistungshöhen und Modalitäten festgelegt sei[84]. Das durch Art. 6 Abs. 1 GG gewährleistete Niveau der Ehe- und Familienförderung ist ebensowenig wie die übrigen Bereiche der Sozialordnung auf dem jeweils definierten Stand der Leistungsgewährung eingefroren. Die verfassungsrechtlich verbürgte Kontinuitätsverpflichtung berücksichtigt gegenwartsbezogen die finanziellen Möglichkeiten und gesellschaftlichen Gegebenheiten im Staat unter Beachtung und Abwägung zu dem in Art. 6 Abs. 1 GG garantierten personalen Förderungs- und Schutzversprechen des Grundgesetzes.

Andererseits fällt hier wesentlich ins Gewicht, dass aufgrund der Regelung in § 27a Abs. 3 Satz 3 SGB V die Ausübung des Grundrechts auf Familiengründung an ein unnötig hohes Risiko insbesondere für die potentielle Mutter geknüpft wird. Durch die Selbstbeteiligung steigt der ohnehin belastende Erfolgsdruck für

78 *Gunther Schwerdtfeger*, Öffentliches Recht in der Fallbearbeitung. Grundfallsystematik, Methodik, Fehlerquellen, 12. Aufl. 2004, Rn. 465.

79 BVerfGE 68, 272 (282); vgl. etwa auch BVerfGE 61, 291 (312); 102, 197 (220). Siehe dazu näher *Sodan* (Fn. 9), S. 246 ff.

80 BVerfGE 76, 1 (51).

81 Siehe etwa BVerfGE 87, 1 (35); 105, 313 (346).

82 Vgl. BVerfGE 39, 316 (326); 40, 121 (132); 48, 346 (366); 55, 114 (127); 60, 68 (74); 61, 18 (25).

83 Vgl. BVerfGE 32, 273 (279); 62, 323 (332); *Schlenker* (Fn. 1), S. 210.

84 BVerfGE 39, 316 (326).

die betroffenen Paare. Folge der Regelung wird sein, dass die Methoden mit der höchsten Aussichtschance gewählt werden, die zugleich meist einen schwereren Eingriff in die Physis wie Psyche der Patienten bedeuten. Es steht zu befürchten, dass entgegen den Empfehlungen der Richtlinien der Ärztekammer wieder vermehrt drei statt lediglich zwei Embryonen transferiert werden. Die Konsequenz wäre ein erheblicher Anstieg von Mehrlingsgeburten mit dem damit einhergehenden erhöhten gesundheitlichen Risiko für Kinder und Mütter.

Dieses Risiko der potentiellen Mutter aufzubürden ist unzumutbar und kann auch nicht mit der dauerhaften Gewährleistung der medizinischen Versorgung und der dazu unbestritten notwendigen Reformierung des Gesundheitswesens aufgewogen werden.

ee) Ergebnis

Nach allem erweist sich die Kostenregelung in § 27a Abs. 3 Satz 3 SGB V als unverhältnismäßig. Sie verletzt daher das Grundrecht auf Familiengründung aus Art. 6 Abs. 1 GG.

IV. Vereinbarkeit mit dem allgemeinen Gleichheitssatz

Ferner könnte § 27a Abs. 3 Satz 3 in Verbindung mit § 27a Abs. 1 Nr. 3 SGB V insoweit gegen den allgemeinen Gleichheitssatz verstoßen, als danach Verheirateten und Unverheirateten für den Versicherungsfall »Krankheit« unterschiedliche Leistungsansprüche gewährt werden.

1. Prüfung am Maßstab des Art. 3 Abs. 1 GG

Der allgemeine Gleichheitssatz des Art. 3 Abs. 1 GG besagt, dass alle Menschen »vor dem Gesetz« gleich sind. Damit ist zunächst die Gleichheit bei der Rechtsanwendung gemeint, also bei Maßnahmen von Exekutive und Judikative. Da auf Grund von Art. 1 Abs. 3 GG jede Staatsgewalt an die Grundrechte gebunden ist, gilt Art. 3 Abs. 1 GG auch für die Legislative.

a) Ungleichbehandlung von wesentlich Gleichem

Ein Verstoß gegen diese Vorschrift setzt zunächst eine Ungleichbehandlung von wesentlich Gleichem voraus. Zur Ermittlung dessen sind Vergleichspaare (unter Einschluss des die Ungleichbehandlung Rügenden) zu bilden. Eine Ungleichbehandlung liegt vor, wenn die diese Vergleichspaare bildenden Personen mit unterschiedlichen Rechtsfolgen belegt werden. Die Ungleichbehandlung kann dabei sowohl eine *personelle* sein, d. h. die betreffenden Rechtsfolgen knüpfen unmittelbar an personenbezogene Merkmale an, oder es kann eine *sachliche* Ungleichbehandlung vorliegen, bei der die Rechtsfolgen unmittelbar an bestimmte Sachverhalte anknüpfen[85]. Anschließend ist zu prüfen, ob die Ungleichbehandlung auch *»wesentlich Gleiches«* betrifft: Maßgeblich hierfür ist nicht jede oder gar die umfassende Vergleichbarkeit der die Vergleichsgruppe bildenden Personen, sondern nur deren wesentliche Vergleichbarkeit hinsichtlich *desjenigen Vergleichskriteriums*, das für den Anlass der ungleich wirkenden Behandlung maßgeblich ist, hierzu also in engem inneren Sachzusammenhang steht.

aa) Vergleichbare Personengruppen

Vorliegend wird verheirateten Versicherten eine bisher gewährte Leistung im Rahmen des Kataloges der gesetzlichen Krankenversicherung gekürzt. Als Versicherte der gesetzlichen Krankenversicherung haben die Ehepartner Anspruch auf die Erbringung oder die Kostenübernahme der notwendigen Heilbehandlung im Versicherungsfall »Krankheit«. Mit der Kürzung des Leistungsumfangs um 50 Prozent werden Verheiratete im Vergleich zu den übrigen Versicherten im Krankheitsfall im Reformprozess der gesetzlichen Krankenversicherung nicht gleich behandelt. Während die übrigen Versicherten durch allgemeine, gruppenunspezifische Zuzahlungsregelungen mit einbezogen werden, erfolgt hier eine gruppenspezifische besondere Inanspruchnahme der Gruppe der Verheirateten. Eine Reduktion der Kosten für die gesetzliche Krankenversicherung wird insbesondere durch eine Leistungskürzung zu Lasten einer am Merkmal »Ehestatus« abgrenzbaren Gruppe erreicht.

bb) Vergleichbare Situation

Es müsste sich bei der Situation, die der Kostenregelung zugrunde liegt, um eine Sachlage handeln, in der beide Personengruppen grundsätzlich gleich zu behandeln wären.

In der gesetzlichen Krankenversicherung gilt das Prinzip, dass im Krankheitsfall die Kosten für eine notwendige medizinische Heilbehandlung übernommen werden müssen.

85 Rein *sachbezogen* sollen beispielsweise Ungleichbehandlungen sein, die an verschiedene Gerichtsbarkeiten anknüpfen, siehe BVerfGE 83, 1 (22) – zur unterschiedlichen Höhe von Anwaltsgebühren – oder BVerfGE 93, 99 (111) – zu Unterschieden bezüglich einer Rechtsmittelbelehrung.

aaa) Infertilität als Krankheit

Krankheit im versicherungsrechtlichen Sinn ist ein regelwidriger Körper- oder Geisteszustand, dessen Eintritt u. a. Behandlungsbedürftigkeit zur Folge hat.[86] Die Abweichung vom Normzustand liegt hier darin, dass die Betroffenen auf natürlichem Wege außerstande sind, Kinder zu zeugen. Mithin liegt die Behandlungsmaßnahme in einer Beseitigung der Sterilität.[87] Nach der Rechtsprechung des Bundessozialgerichts sind neben In-vitro-Fertilisationen auch Maßnahmen zur ICSI rechtlich zulässig. Der frühere Ausschluss der ICSI aus dem Leistungskatalog der gesetzlichen Krankenversicherung in den Richtlinien des Bundesausschusses der Ärzte und Krankenkassen über die künstliche Befruchtung verstieß insoweit gegen höherrangiges Recht.[88] Die Maßnahmen haben erforderlich zu sein, um die Sterilität zu überwinden. Sie müssen medizinisch indiziert sein, weil Maßnahmen zur Herstellung der Empfängnisfähigkeit im Rahmen der Krankenbehandlung nach § 27 SGB V keine Erfolgsaussicht (mehr) bieten, nicht möglich oder nicht zumutbar sind (vgl. auch Nr. 1 der Künstlichen Befruchtungs-Richtlinien).

bbb) Maßnahmen der künstlichen Befruchtung als Heilbehandlung

Der Begriff der Heilbehandlung umfasst alle Eingriffe und anderen Behandlungen, die nach den Erkenntnissen und Erfahrungen der Heilkunde sowie nach den Grundsätzen eines gewissenhaften Arztes zu dem Zweck angezeigt sind und vorgenommen werden, Krankheiten, Leiden, Körperschäden, körperliche Beschwerden oder seelische Störungen zu verhüten, zu erkennen, zu heilen oder zu lindern.[89] Diese Begriffsbestimmung entspricht der Judikatur des Bundesgerichtshofs[90] zum privaten Krankenversicherungsrecht und der Rechtsprechung des Bundessozialgerichts zu dem sozialversicherungsrechtlichen Krankheitsbegriff[91].

Bei der künstlichen Befruchtung handelt es sich um Maßnahmen zur Krankenbehandlung auf dem Gebiet der gesetzlichen Krankenversicherung.

Durch die künstliche Befruchtung von Eizellen einer Frau, die biologisch unfähig ist, auf natürlichem Wege ein Kind zu empfangen, wird dieser die ihr sonst infolge Krankheit verschlossene Möglichkeit der Empfängnis (wieder-)eröffnet, indem der Arzt in einen Teil eines an sich natürlichen Vorgangs eingreift[92]. Die

86 BSG SozR 3-2200 § 182 Nr. 14.
87 BSGE 66, 248 (249).
88 BSGE 88, 62 ff.
89 BFH, BStBl. 1987 II S. 596 (597).
90 BGHZ 99, 228 (231).
91 Siehe zur Fertilitätsstörung als Krankheit im Sinne des Rechts der gesetzlichen Krankenversicherung BSGE 26, 240 (242); 39, 167 (168); 59, 119 (121); 66, 248 (249); BSG SozR 3-2500 § 27a Nr. 1 S. 2.

künstliche Befruchtung der Eizellen der Frau mit dem Sperma ihres Ehemannes vermag in diesem Fall einem Ehepaar zu einem (genetisch) gemeinsamen Kind zu verhelfen und damit die Folgen eines anomalen körperlichen Zustandes der Frau – nämlich ihre Unfähigkeit, durch einen Zeugungsakt von ihrem Ehemann Kinder zu empfangen – zu überwinden.

Es ist nicht Merkmal des Begriffs der Heilbehandlung, dass eine Krankheit dauerhaft geheilt bzw. dass ein anomaler körperlicher Zustand endgültig beseitigt und der natürliche biologische Zustand hergestellt wird. Deshalb ist ohne Belang, dass die künstliche Befruchtung nicht die Empfängnisunfähigkeit der Frau »heilt« (beseitigt), sondern lediglich unbeschadet fortbestehender Empfängnisunfähigkeit eine Schwangerschaft mittels ärztlicher Kunst herbeiführt. Nach der ständigen Rechtsprechung des Bundesfinanzhofs genügt für eine Heilbehandlung ein Tun, das auf Abschwächung, partielles oder völliges Unterbinden oder Beseitigen von Krankheitsfolgen oder Bereitstellung einer Ersatzfunktion für ein ausgefallenes Organ gerichtet ist[93]. Damit stellt eine künstliche Befruchtung eine Heilbehandlung im Rahmen der notwendigen medizinischen Versorgung dar.

cc) Zwischenergebnis

Mitglieder der Gruppe »Solidargemeinschaft Krankenversicherung« werden anhand des Differenzierungsmerkmals »Ehestatus« in der vergleichbaren Situation »Krankheitsfall« ungleich behandelt, da ihnen nicht die volle Übernahme einer notwendigen Heilbehandlung zusteht, wie dies für die übrigen Versicherten grundsätzlich der Fall ist.

b) Rechtfertigung der Ungleichbehandlung

Eine Ungleichbehandlung von wesentlich Gleichem führt nur dann zu einem Verstoß gegen Art. 3 Abs. 1 GG, wenn sie *ohne sachlichen Grund*, also *»willkürlich«* erfolgt; das Vorliegen eines sachlichen Grundes kann eine an Art. 3 Abs. 1 GG zu messende Ungleichbehandlung also rechtfertigen.

aa) Maßstäbe der Prüfung der Differenzierung

Überwiegend wird heute davon ausgegangen, dass bei der Prüfung des Vorliegens eines hinreichenden sachlichen Grundes *zwei Formeln* zur Anwendung gelangen können: Nach der auf die ursprüngliche Rechtsprechung des Bundesverfassungsgerichts zu Art. 3 Abs. 1 GG zurück gehenden *Willkürformel* liegt Willkür dann

92 BGHZ 99, 228 (231).
93 Siehe etwa BFH, BStBl. 1997 II S. 805.

vor, wenn sich (irgend)ein vernünftiger, aus der Natur der Sache resultierender oder sonst wie sachlich einleuchtender Grund nicht finden lässt[94]. Dabei handelt es sich um eine Art »Evidenzprüfung«, bei der einleuchtende sachliche Gründe insbesondere für eine legislative Ungleichbehandlung schlechterdings nicht mehr erkennbar sein dürfen.[95]

Engere Prüfungsanforderungen gelten demgegenüber bei der vom Bundesverfassungsgericht seit 1980 verwandten so genannten »neuen Formel«, nach welcher die Prüfung stärker an *Verhältnismäßigkeitsgesichtspunkten* auszurichten ist. Hiernach ist Art. 3 Abs. 1 GG »vor allem dann verletzt, wenn eine Gruppe von Normadressaten im Vergleich zu anderen Normadressaten anders behandelt wird, obwohl zwischen beiden Gruppen keine Unterschiede von solcher Art und solchem Gewicht bestehen, daß sie die ungleiche Behandlung rechtfertigen könnten«[96]; eine Rechtfertigung ist nur möglich, wenn Ungleichbehandlung und rechtfertigender Grund »in einem angemessenen Verhältnis zueinander stehen«[97].

Ob sich die Grenzen für Ungleichbehandlungen nach der Willkürformel oder einer Verhältnismäßigkeitsprüfung bemessen, hängt vom Regelungsgegenstand und den Differenzierungsmerkmalen ab; das Bundesverfassungsgericht geht insoweit von »abgestuften Anforderungen« an die Rechtfertigung einer Ungleichbehandlung aus[98]. Der strengere Maßstab im Sinne einer Verhältnismäßigkeitsprüfung wird dabei vor allem dann zur Anwendung gebracht, wenn personelle bzw. personenbezogene Ungleichbehandlungen zur Prüfung gestellt werden und nicht nur sachbezogene[99] oder wenn sich die Ungleichbehandlung von Personen oder Sachverhalten auf die Ausübung grundrechtlich geschützter Freiheiten nachteilig auswirken kann[100]. Da die strengeren Prüfungsmaßstäbe der »neuen Formel« sogar dann anzuwenden sind, »wenn eine Ungleichbehandlung von Sachverhalten *mittelbar* eine Ungleichbehandlung von Personengruppen bewirkt«[101], kann davon ausgegangen werden, dass bei der Ungleichbehandlung von Personengruppen eine Verhältnismäßigkeitsprüfung der Zweck-Mittel-Relation von Differenzierungskriterium und -ziel vorzunehmen ist. Bei mittelbarer Ungleichbehandlung ist weder eine strenge Prüfung der Verhältnismäßigkeit geboten noch eine bloße Willkürprüfung ausreichend. Deshalb kommt hier den Besonderheiten des geregelten Lebens- und Sachbereichs für die Frage, ob die Ungleichbehandlung gerechtfertigt ist, erhebliche Bedeutung zu.[102]

Erfolgt die Differenzierung nach personenbezogenen (personengebundenen) Merkmalen, besteht für den Gesetzgeber eine besonders strenge Bindung an die

94 Siehe etwa bereits BVerfGE 1, 14 (52).
95 Vgl. BVerfGE 50, 142 (162) m. w. N.; 88, 87 (97); 91, 389 (401).
96 BVerfGE 55, 72 (88). Vgl. etwa auch BVerfGE 107, 133 (141) m. w. N.
97 BVerfGE 82, 126 (146) m. w. N.
98 BVerfGE 88, 87 (96); 91, 389 (401).Vgl. auch BVerfGE 107, 218 (244); 107, 257 (270).
99 Vgl. BVerfGE 88, 87 (96); 89, 15 (22 f.); 91, 389 (401).
100 Vgl. BVerfGE 82, 126 (146); 88, 87 (96); 99, 341 (355); 99, 367 (388); 107, 133 (141).
101 BVerfGE 88, 87 (96); 89, 15 (22); 99, 367 (388) – jew. ohne Hervorhebung.
102 BVerfGE 89, 365 (376); 92, 53 (69); 99, 367 (388).

Verhältnismäßigkeit[103], insbesondere wenn sie sich den in Art. 3 Abs. 3 GG genannten Merkmalen annähert.

Für alle Ungleichbehandlungen, seien sie personen- oder sachverhaltsbezogen, mittelbar oder unmittelbar, gilt, dass der Maßstab strenger zu bemessen ist, sofern die jeweilige Ungleichbehandlung Auswirkungen auf grundrechtlich gesicherte Freiheiten hat.[104]

Erste Voraussetzung für die Anwendung eines strengeren Maßstabes ist also die an Merkmalen der Person anknüpfende Differenzierung zwischen Personengruppen in vergleichbarer Situation mit der Folge der Beeinträchtigung von Freiheitsrechten.

Vorliegend sind die Voraussetzungen für einen strengeren Maßstab als den bloßen Evidenzmaßstab des Willkürverbotes gegeben. Differenzierungsmerkmal ist nämlich der »Ehestatus«. Der Familienstand ist ein höchstpersönliches Merkmal eines Menschen. Aufgrund seines starken Personenbezuges kann er zumindest in die Nähe der Merkmale des Art. 3 Abs. 3 GG gerückt werden. Da auch der Status als Mitglied einer Religionsgemeinschaft oder das Geschlecht mittlerweile »erwerbbar« und nicht mehr rein »vererbbar« – schicksalhaft – sind, ist zumindest die Erwerbbarkeit des Ehestatus kein Grund, diesem Personenstandsmerkmal die Gleichwertigkeit mit den anderen Merkmalen abzusprechen. Zudem hat der Status der Ehe in Zeiten gelöbnisloser Lebensgemeinschaften einen zunehmenden Bekenntnis- und Ernsthaftigkeitswert, der auch an der religiösen Wurzel des Instituts Ehe teilhat.

Anhand dieses prekären Differenzierungsmerkmals wird diese Gruppe nun aus der Solidargemeinschaft »Krankenversicherung« ausgesondert und im Hinblick auf den Leistungsanspruch bei vergleichbarer Bedarfssituation anders behandelt. Wie bereits festgestellt wurde, beeinträchtigt dies die Betroffenen in ihrer Grundrechtsausübung auf Familiengründung.

Selbst wenn man davon ausginge, dass an einem *Sachverhalt* angeknüpft würde, nämlich an die Umschreibung der Krankheitssituation in § 27a SGB V, ist damit eine zumindest mittelbare Ungleichbehandlung einer Personengruppe verbunden. Auch bei einer Zuordnung zu einer sachverhaltsorientierten Ungleichbehandlung ist also zumindest eine gegenüber dem Willkürgebot strengere Prüfung der Eigengesetzlichkeiten des geregelten Lebenssachverhalts geboten.

Die Voraussetzungen für eine strenge Prüfung der Rechtfertigung dieser Ungleichbehandlung sind daher gegeben.

103 BVerfGE 93, 99 (111).
104 Vgl. BVerfGE 89, 365 (376).

bb) Konkretisierung des strengeren Maßstabes

Folglich sind hier die Grundsätze der Verhältnismäßigkeitsprüfung bei Freiheitsrechten in sinnentsprechender Weise auf die gleichheitsrechtliche Prüfung zu übertragen.

Zunächst muss mit der Ungleichbehandlung ein *legitimer Zweck* verfolgt werden, und die Ungleichbehandlung muss zu dessen Erreichung auch *geeignet* sein. In Adaption auf den Gleichheitsgrundsatz ist der legitime Zweck das hinter jeder Differenzierung stehende Ziel der Regelung (Differenzierungsziel).

Zu überprüfendes *Mittel* in der Gleichheitsprüfung ist das *Differenzierungskriterium.* Es besteht Übereinstimmung, dass der Gesetzgeber im Rahmen von Art. 3 Abs. 1 GG eine weitgehende Gestaltungsfreiheit hat. Er braucht nicht die zweckmäßigste, vernünftigste oder gerechteste Lösung zu wählen. Eine direkte Übertragbarkeit der Prüfung der Erforderlichkeit des Mittels wäre mit einer zu starken Einschränkung des Gesetzgebers verbunden und widerspräche dessen Gestaltungsspielraum.[105] Dieser wird durch eigenständige Strukturierung und nicht durch die Erforderlichkeit eingeschränkt. Das Mittel, das Differenzierungskriterium, an sich muss aber einer Prüfung seiner Rechtmäßigkeit unterzogen werden. So ergibt sich aus den Diskriminierungsgeboten und -verboten des Grundgesetzes ein spezielles Prüfungsprogramm der Verfassungsmäßigkeit der *Auswahl* des Kriteriums.

Schließlich ist zu überprüfen, ob Ungleichbehandlung und rechtfertigender Grund in einem *angemessenen* Verhältnis zueinander stehen. Dies ist der Prüfungspunkt der Verhältnismäßigkeit im engeren Sinne, die so genannte Angemessenheit. Anhand dieses Maßstabes ist eine umfassende Abwägung zwischen Art und Gewicht, dem Zweck und den Auswirkungen der Ungleichbehandlung vorzunehmen.[106] Es müssen Gründe von solcher Art und solchem Gewicht bestehen, dass sie die ungleichen Rechtsfolgen rechtfertigen können.[107] Hier ist insbesondere das Verhältnis zwischen Differenzierungsziel und -kriterium zu prüfen.

Im Prüfungspunkt der Angemessenheit kommen die dem Art. 3 Abs. 1 GG spezifischen Prüfungsmaßstäbe zum Tragen. Da es sich bei der Regelungsmaterie der gesetzlichen Krankenversicherung um einen Bereich mit einer hohen eigengesetzlichen Komplexität handelt, sind als Maßstäbe der Angemessenheit von Ziel und Mittel insbesondere der Grundsatz der Systemkonsequenz bzw. Systemgerechtigkeit – konkretisiert durch die einfachgesetzlichen, aber charakteristischen Ausformungen des Sozial- und Rechtsstaatsprinzips – sowie die Grundsätze der Sachgemäßheit, der Sachgesetzlichkeit/Folgerichtigkeit und der Rückschrittsgerechtigkeit heranzuziehen.

105 *Manfred Gubelt*, in: Ingo von Münch/Philip Kunig (Hrsg.), Grundgesetz-Kommentar, Bd. 1, 5. Aufl. 2000, Art. 3 Rn. 29.

106 *Rudolf Wendt*, Der Gleichheitssatz, NVwZ 1988, 778 (783).

107 BVerfGE 88, 87 (97); 93, 99 (111).

cc) Prüfung des Differenzierungszieles

Das hier geregelte Lebensverhältnis ist das der gesetzlichen Krankenversicherung. Ausdrücklich angegebenes Ziel des eingreifenden Gesetzes ist die Gewährleistung der finanziellen Stabilität bzw. finanziellen Konsolidierung der gesetzlichen Krankenversicherung. Dabei handelt es sich um ein legitimes Differenzierungsziel.[108]

dd) Zulässige Auswahl des Differenzierungskriteriums

Ob und inwieweit der Gesetzgeber bestehende Verschiedenheiten zum Anknüpfungspunkt einer differenzierenden Regelung machen darf, hängt wesentlich von dem Grund, dem Zweck und den Auswirkungen der Regelung und von der Eigenart des jeweils betroffenen Sachverhaltes ab.[109] Er darf insoweit nur an Umstände anknüpfen, die einen sachlichen Bezug zu der unterschiedlichen Rechtsfolgensetzung aufweisen. Danach sind Differenzierungen nur dann erlaubt, wenn die betroffenen Sachverhalte speziell hinsichtlich eines solchen Gesichtspunktes ungleich sind, der innere Bezüge zu der Eigenart der normierten Materie aufweist, wenn die unterschiedliche Behandlung also nach ihrem Grund und ihrer Auswirkung »in der Sache selbst« gegründet ist.[110]

Insofern stellt sich hier die Frage, ob die Unterscheidung zwischen Ledigen und Verheirateten eine Differenzierung ist, welche sich im Hinblick auf den Krankenversicherungsanspruch auf notwendige Heilbehandlung als sachgerecht erweist.

aaa) Differenzierung nach dem »Ehestatus«

Eine Differenzierung anhand des Ehestatus ist nicht schlechthin verfassungswidrig. Der besondere Schutz von Ehe und Familie, zu dem Art. 6 Abs. 1 GG den Staat verpflichtet, hält den Gesetzgeber nicht verfassungsrechtlich davon ab, Leistungen wieder zu kürzen. Die staatliche Familienförderung steht unter dem Vorbehalt des Möglichen und im Kontext anderweitiger Fördernotwendigkeiten. Der Gesetzgeber hat im Interesse des Gemeinwohls neben der Familienförderung auch andere Gemeinschaftsbelange bei seiner Haushaltswirtschaft zu berücksichtigen und dabei vor allem auf die Funktionsfähigkeit und das Gleichgewicht des Ganzen zu achten. Nur unter Abwägung der Belange lässt sich ermitteln, ob die Familienförderung durch den Staat offensichtlich unangemessen ist und dem Förderungsgebot des Art. 6 Abs. 1 GG nicht mehr genügt. Demgemäß lässt sich aus

108 Vgl. zu diesem Gemeinwohlbelang bereits oben S. 26.
109 BVerfGE 63, 255 (262); *Wendt* (Fn. 106), S. 782.
110 *Wendt* (Fn. 106).

der Wertentscheidung des Art. 6 Abs. 1 GG nicht die Entscheidung entnehmen, in welchem Umfang und in welcher Weise Familienförderung stattzufinden hat. Insoweit besteht vielmehr grundsätzlich eine Gestaltungsfreiheit des Gesetzgebers.[111]

Art. 6 Abs. 1 GG beinhaltet allerdings einen besonderen Gleichheitssatz in Form eines Diskriminierungsverbotes: Er untersagt die Benachteiligung von Ehepartnern gegenüber Ledigen. Dieses Benachteiligungsverbot steht jeder belastenden Differenzierung entgegen, die an die Existenz einer Ehe anknüpft.[112] Aus dem Grundsatz des Art. 6 Abs. 1 GG ergibt sich daher zwar nicht die Art und Weise des Familienlastenausgleichs; aber es folgt daraus ein erhöhter Begründungsaufwand dafür, weshalb der Gesetzgeber bei der Finanzierungslast ausgerechnet eine finanziell zu entlastende Gruppe in Anspruch nimmt.

Die Rechtfertigung dafür, dass § 27a SGB V geändert wurde und nun eine Selbstbeteiligung an den Kosten für eine künstliche Befruchtung in Höhe von 50 Prozent vorgesehen ist, soll darin liegen, dass § 27a SGB V einen eigenständigen Versicherungsfall regele, der nicht auf einen einzelnen von Unfruchtbarkeit betroffenen Versicherten abstelle, sondern auf die ungewollte Kinderlosigkeit des Ehepaars und die daraus resultierende Notwendigkeit der künstlichen Befruchtung[113]. Im Leistungsversicherungsrecht sei unterschieden zwischen den Leistungen der »normalen« Krankenbehandlung nach § 27 SGB V und den Maßnahmen zur künstlichen Befruchtung, die in § 27a SGB V als eigenständiger Versicherungsfall geregelt seien und nur »rechtstechnisch« den Leistungen der Krankenbehandlung zugeordnet würden[114]. Vor diesem Hintergrund kämen die zu § 27 SGB V entwickelten Leistungsgrundsätze nicht zur Anwendung.

Das Bundessozialgericht führt dazu aus, dass das geltende Recht die Leistungspflicht der Krankenversicherung bei Maßnahmen zur Herbeiführung einer Schwangerschaft in § 27a SGB V besonders geregelt habe, indem es diese Maßnahmen rechtstechnisch der Krankenbehandlung zuordne, ihre Gewährung durch die Krankenkassen aber an besondere, von § 27 Abs. 1 SGB V abweichende Voraussetzungen knüpfe. Soweit die Sonderregelung reiche, also auch hinsichtlich der Beschränkung auf die homologe Befruchtung, gehe sie der allgemeinen Norm des § 27 SGB V vor und schließe deren Anwendung aus. Der Senat habe schon in anderem Zusammenhang ausgeführt, dass nach der Systematik des SGB V Spezialregelungen zu einzelnen Maßnahmen der Krankenbehandlung in der Regel als abschließend zu bewerten seien und darin angeordnete Leistungsbeschränkungen oder Leistungsausschlüsse deshalb nicht unter Berufung auf einen aus den Grundnormen der §§ 27, 28 SGB V hergeleiteten umfassenden Behandlungsanspruch oder im Hinblick auf die Verknüpfung mit anderen Maßnahmen im Rahmen einer medizinischen Gesamtbehandlung ganz oder teilweise außer Kraft gesetzt wer-

111 BVerfGE 103, 242 (259 f.).
112 BVerfGE 99, 216 (232).
113 Bay. LSG, Urteil vom 16. Mai 2006, Az.: L 5 KR 212/05.
114 Siehe BSGE 88, 62 (64 f.); vgl. auch BT-Drucks. 11/6760, S. 14.

den könnten[115]. Das gelte erst recht, wenn nicht ein bestehender Leistungsanspruch eingeschränkt, sondern wie im Fall der künstlichen Befruchtung eine Maßnahme, deren Zugehörigkeit zur Krankenbehandlung zweifelhaft sei, in einem begrenzten Umfang in den Leistungskatalog der Krankenversicherung aufgenommen werde. Der vom Gesetz festgelegte Umfang könne dann nicht unter Hinweis auf einen mittelbar mit der Leistung verfolgten anderweitigen Behandlungszweck erweitert werden.[116]

Diese Ausführungen könnten herangezogen werden, um die Neuregelung des § 27a SGB V zu rechtfertigen. Es ist jedoch fraglich, ob man sich an diesen Ausführungen orientieren sollte.

Die Aussage, dass die künstliche Befruchtung eine Maßnahme ist, deren Zugehörigkeit zur Krankenbehandlung zweifelhaft ist, kann insofern nicht mehr herangezogen werden, als der Gesetzgeber mit seiner Entscheidung zur Aufnahme der künstlichen Befruchtung in den Leistungskatalog diesen Zweifeln selbst ein Ende gesetzt hat.

Ob Maßnahmen der künstlichen Befruchtung zu den Leistungen der gesetzlichen Krankenversicherung gehören, war bis zum Inkrafttreten des SGB V streitig und in der Rechtsprechung nicht geklärt[117]. Die Krankenkassen hatten die künstliche Befruchtung einer Eizelle außerhalb des Mutterleibes und die anschließende Einführung des Embryos in die Gebärmutter als Maßnahme zur Behandlung der Sterilität bewertet und folglich die notwendigen Leistungen der Krankenhilfe nach den §§ 182 ff. RVO a. F. zur Verfügung gestellt. Von daher bestanden versicherungsrechtlich vor der Regelung in § 27a SGB V keine Zweifel an der leistungsrechtlichen Beurteilung. Im Gesundheits-Reformgesetz (GRG) vom 20. Dezember 1988[118] hat der Gesetzgeber die Frage durch die Ausschlussvorschrift des damaligen § 27 Satz 5 SGB V zunächst negativ entschieden, weil er davon ausging, dass »Leistungen, mit denen eine künstliche Befruchtung herbeigeführt wird, außerhalb des Aufgabenbereichs der GKV liegen«[119]. Dieser Leistungsausschluss wurde durch Art. 2 Nr. 1 des KOV-Anpassungsgesetzes vom 26. Juni 1990 aber rückwirkend zum 1. Januar 1989 aufgehoben und stattdessen die Vorschrift des § 27a über die künstliche Befruchtung in das SGB V eingefügt[120].

Letztlich hat der Gesetzgeber damit in einer die Vorschrift des § 27 SGB V ergänzenden Norm entschieden, Maßnahmen zur künstlichen Befruchtung in den Leistungsumfang der Krankenbehandlung aufzunehmen.

Weiterhin könnte man die getrennte Normierung als Ansatzpunkt für den Sondernormcharakter wählen. Die getrennte Normierung wird als Beleg dafür gewertet, dass die künstliche Befruchtung selbst nicht als Krankenbehandlung anzusehen sei; sie werde dieser Krankenbehandlung vom Gesetzgeber lediglich zuge-

115 Siehe BSGE 85, 66 (67 ff.).
116 BSG, NJW 2002, 1517.
117 Vgl. etwa BSGE 66, 248 (249 f.); LSG Rheinland-Pfalz, MedR 1987, 130 (131).
118 BGBl. I S. 2477.
119 Siehe die Begründung zum Entwurf der Bundesregierung, BT-Drucks. 11/2237, S. 170.
120 BGBl. I S. 1211.

ordnet. Diese Zuordnung aber fand statt, damit die einschlägigen Regelungen des SGB V auf die künstliche Befruchtung anwendbar und besondere Verweisungsvorschriften entbehrlich sind.[121]

Es stellt sich jedoch die Frage, weshalb ausgerechnet diese Begründung dafür herhalten soll, die einschlägigen Regelungen und Grundprinzipien des Sozialgesetzbuches für nicht anwendbar zu erklären. Entweder diese Verweisung wird angenommen und die einschlägigen Regeln des SGB V werden angewendet, oder die Verweisung hätte explizit zwischen einschlägigen und nicht einschlägigen Regeln unterscheiden müssen. Da das Gesetz selbst aber weder Fallgruppen noch Regeln benennt, lässt sich nicht sicher ermitteln, welche Regeln einschlägig sind und welche nicht. Wenn sich der Richter nicht zum Gesetzgeber aufschwingen will, hat er hier Zurückhaltung zu wahren. Insofern ist zunächst vom Willen des Gesetzgebers auszugehen, dass die Regeln des SGB V Anwendung auf § 27a SGB V finden.

Darüber hinaus ist der Wille des Gesetzgebers kaum richtungweisend, weil er sich in seiner Verweisungstechnik und Erläuterung der bloßen »Zuordnung« widersprüchlich äußert.

Der Gesetzgeber hätte schon mit Einführung des § 27a SGB V gegen inhärente Systemprinzipien verstoßen, wenn die Maßnahmen der künstlichen Befruchtung nicht als Krankenbehandlungen einzuordnen wären. Im Sinne einer Anwendung des im Zivilrecht vorbildlich formulierten Grundsatzes »protestatio facto contraria« kann der Gesetzgeber schlechterdings eine Maßnahme nicht in den Katalog der Krankenbehandlung aufnehmen und gleichzeitig behaupten, dies sei keine Krankenbehandlung.

Eine nicht widersprüchliche Äußerung kann höchstens derart lauten, dass § 27a SGB V eine *subsidiäre* Sondernorm zur Krankenbehandlung darstellt. Der Anspruch aus § 27a SGB V besteht nämlich erst, wenn die Maßnahmen des § 27 SGB V keine hinreichende Aussicht auf Erfolg (mehr) bieten, nicht möglich oder unzumutbar sind.[122] Es ist damit also klargestellt, dass die künstliche Befruchtung keine normale Krankenbehandlung darstellt, aber eine subsidiäre. Die Nichtbeachtlichkeit der gesetzgeberischen Äußerungen, die systematische Zuordnung als Subsidärnorm, nicht als Sondernorm, und der einleitende Teilsatz in § 27a Abs. 1 SGB V machen deutlich, dass die medizinischen Maßnahmen zur Herbeiführung einer Schwangerschaft Leistungen der Krankenbehandlung sind.

Dies ist auch folgerichtig, wenn die Ursache »Infertilität« eine anerkannte behandlungsbedürftige Krankheit ist. Für die Kostenübernahme im Krankenversicherungsrecht ist entscheidend, ob ein irregulärer Zustand medizinisch als Krankheit eingeordnet wird und insoweit eine medizinische Heilbehandlung erfordert.

121 Vgl. BT-Drucks 11/6760, S. 14 f. und die Stellungnahme des Vertreters der Bundesregierung in der 122. Sitzung des Ausschusses für Arbeit und Sozialordnung vom 25. April 1990, Protokolle des Deutschen Bundestages, 11. Wahlperiode, Protokoll Nr. 122 S. 17. Siehe dazu BSGE 88, 62 (65).

122 BT-Drucks. 11/6760, S. 14.

Gerade hier herrscht in der Rechtsprechung der Gerichte keine Einigkeit. Teilweise wird Infertilität als Krankheit qualifiziert, teilweise nicht. Der Bundesgerichtshof und das Bundesverwaltungsgericht gehen von einer – unter den Begriff der Heilbehandlung im Sinne des Krankenversicherungs- bzw. Beihilferechts fallenden – Linderung der Krankheit aus[123]. So führte der Bundesgerichtshof aus: »Das Berufungsgericht beachtet indessen nicht, daß auch die auf eine gestörte Funktionsfähigkeit der Eileiter zurückzuführende Sterilität der Klägerin als eigene Krankheit anzusehen ist, für die sich angesichts der biotechnologischen Entwicklung sehr wohl die Frage nach einer Behandlungsfähigkeit stellt«[124]. Es wird auch auf die Möglichkeit seelischer Erkrankungen durch diesen stresshaften Zustand hingewiesen.

Das Bundessozialgericht äußerte sich hingegen ähnlich wie die Gesetzesbegründung, indem es ausführte, dass nicht die Krankheit, sondern die Unfähigkeit des Paares, auf natürlichem Wege Kinder zu zeugen, den Versicherungsfall bilde[125]. Im Sozialversicherungsrecht sei unterschieden zwischen den Leistungen der »normalen« Krankenbehandlung nach § 27 SGB V und den Maßnahmen zur künstlichen Befruchtung, die in § 27a SGB V als eigenständiger Versicherungsfall geregelt seien und nur »rechtstechnisch« den Leistungen der Krankenbehandlung zugeordnet würden[126].

In solchen Äußerungen zeigt sich die Unsicherheit der Rechtsprechung, mit den Möglichkeiten der heutigen Biotechnologie umzugehen. Erst die Möglichkeiten der Umgehung der Infertilität durch die Methoden der künstlichen Befruchtung haben den Krankheitsfall geschaffen. Mit anderen Worten: Der medizinische Fortschritt schafft sich seine Krankheiten.

Der Bundesfinanzhof hingegen zeigt in seiner jüngeren Rechtsprechung auf, dass die Entscheidung, »Infertilität« als Krankheit zu bezeichnen, von nicht medizinischen Faktoren abhängig gemacht wird. In Anschluss an die (angeblich) insoweit übereinstimmende Auffassung der Gerichte setze der Begriff der Krankheit einen anomalen körperlichen, geistigen oder seelischen Zustand voraus, der den Betroffenen »in der Ausübung normaler psychischer oder körperlicher Funktionen« derart beeinträchtigt, dass er nach herrschender Auffassung einer medizinischen Behandlung bedarf. Ob eine Anomalie als Krankheit anzusehen ist, könne unter Umständen auch von der persönlichen Lage des Betroffenen – z. B. seinem Alter oder seinem Beruf – abhängen oder auch von der – sich im Laufe der Zeit gegebenenfalls wandelnden – »Auffassung der Gesellschaft und der jeweiligen Rechtskultur«.[127]

Ausgehend von dieser Definition sei zwar ein Eileiterverschluss, der die Befruchtung einer Eizelle verhindert, ein körperlicher Defekt, der bei Frauen, die ein Kind bekommen möchten, als Krankheit anzusehen sei. Dieser Defekt könne bei

123 BGHZ 99, 228 (230); BVerwGE 119, 265 (269 f.).
124 BGHZ 99, 228 (230).
125 BSG SozR 3–2500 § 27a Nr. 3 S. 24.
126 BSG, NJW 2002, 1517 m. w. N.
127 BFHE 183, 476 (478 f.).

einer unverheirateten Frau nicht anders beurteilt werden als bei einer verheirateten. Maßnahmen zur *Behebung* der Empfängnisunfähigkeit – z. B. durch einen operativen Eingriff bei einem Eileiterverschluss – seien daher auch bei unverheirateten Frauen eine (angemessene und notwendige) Heilbehandlung, weil hierdurch der »normale« körperliche Zustand (wieder) hergestellt werde. Hiervon zu unterscheiden seien jedoch ärztliche Maßnahmen zur Herbeiführung einer Schwangerschaft durch eine künstliche Befruchtung. Denn hierdurch werde der körperliche Defekt (Eileiterverschluss) nicht beseitigt; die Frau bleibe nach wie vor empfängnisunfähig. Es werde lediglich der natürliche Zeugungsvorgang, der wegen des Verschlusses der Eileiter nicht zur Befruchtung einer Eizelle führen könne, ersetzt durch die künstliche Befruchtung der Eizelle außerhalb des Körpers.[128]

Hier weicht der Bundesfinanzhof allerdings von dem als übereinstimmend behaupteten Krankheitsbegriff ab. Als Heilbehandlung ist nach höchstrichterlicher Rechtsprechung des Bundesgerichtshofs nämlich jegliche ärztliche Tätigkeit anzusehen, die durch die betreffende Krankheit verursacht worden ist, sofern die Leistung des Arztes ihrer Art nach in den Rahmen der medizinisch notwendigen Krankenpflege fällt und auf Heilung oder Linderung der Krankheit abzielt[129]. Und genau in diesem Punkt weicht der Bundesgerichtshof vom Bundesfinanzhof ab: Es kann »für die Frage der Heilbehandlung nicht darauf ankommen, daß durch den ärztlichen Eingriff die Durchgängigkeit des Eileiters nicht wiederhergestellt wird. Die naturgegebene Funktion des erkrankten Organs beschränkt sich nämlich in der Hauptsache gerade darauf, eine Schwangerschaft zu ermöglichen.«[130]

Aus der nicht konsistenten Rechtsprechung kann nur bedingt eine Orientierung gewonnen werden. Überdies stimmt die Judikatur des Bundesgerichtshofs nicht mit der Gesetzesbegründung überein. Diese stellt nicht auf den einzelnen von Unfruchtbarkeit betroffenen Ehepartner ab, sondern räumt »den Ehegatten« einen Anspruch auf Maßnahmen der künstlichen Befruchtung ein[131], während der Bundesgerichtshof nur den sterilen Partner als »krank« und damit berechtigt im Sinne der Versicherungsbedingungen ansehen will[132].

Aufgrund der Inkonsistenz des Gesetzgebers wie der Rechtsprechung zur Frage des Sondernormcharakters von § 27a SGB V lässt sich ein solcher Sondernormcharakter jedenfalls nicht ohne weitere Klärung und Begründung zur Rechtfertigung für die Differenzierung anhand des »Ehestatus« heranziehen.

128 BFHE 210, 355 (360).
129 BGH, NJW 1978, 1197; BGHZ 99, 228 (231).
130 BGHZ 99, 228 (233).
131 Siehe BT-Drucks. 11/6760, S. 10.
132 BGHZ 99, 228 (231).

bbb) Vorrangigkeit des Lastengerechtigkeitsgesichtspunktes

Selbst wenn aber die Differenzierung anhand des Ehestatus auf Grund eines Sondernormcharakters möglich sein sollte, wäre damit noch nicht zwangsläufig die Zulässigkeit des Kriteriums nachgewiesen. Der Umstand, dass die Frage, ob und in welchem Ausmaß der Gleichheitssatz bei der Ordnung bestimmter Materien dem Gesetzgeber Differenzierungen erlaubt, wesentlich nach der Eigenart des betroffenen Sachbereichs zu beurteilen ist, kann dazu führen, dass ein Vergleichsmaßstab eine ganz beherrschende Bedeutung erlangt. Orientiert man sich an diesem Maßstab der Sachgerechtigkeit, ist beispielsweise bei der Beurteilung der Frage, ob ein Steuereingriff den Anforderungen des Gleichheitssatzes genügt, das Kriterium der wirtschaftlichen und steuerlichen Leistungsfähigkeit kein Merkmal unter vielen. Vielmehr gilt die Steuer in ihrer unmittelbaren Wirkung immer als öffentliche Last im Sinne des Vermögensentzuges[133]. Wegen dieses unabstreifbaren Charakters der öffentlichen Last muss Gleichheit stets prinzipiell gleiche Lastenverteilung bzw. Lastengleichheit bedeuten.[134]

Überträgt man diese Gedanken auf das vorliegende Problem, so darf das bei einer Selbstbeteiligung an den Kosten für eine künstliche Befruchtung im Vordergrund stehende Beurteilungskriterium nicht der Ehestatus sein; vielmehr muss es die finanzielle Leistungsfähigkeit der Betroffenen bei der Selbstbeteiligung an Krankenbehandlungen und damit der Gesichtspunkt der gleichen Lastenverteilung sein.

Elementare Grundsätze der Finanzierung der gesetzlichen Krankenversicherung sind das Solidarprinzip und die Eigenverantwortung. So heißt es in § 1 Satz 1 SGB V nach der Gesetzesüberschrift »Solidarität und Eigenverantwortung«: »Die Krankenversicherung als Solidargemeinschaft hat die Aufgabe, die Gesundheit der Versicherten zu erhalten, wiederherzustellen oder ihren Gesundheitszustand zu verbessern«. § 3 Satz 1 und 2 SGB V formulieren nach der Gesetzesüberschrift »Solidarische Finanzierung«: »Die Leistungen und sonstigen Ausgaben der Krankenkassen werden durch Beiträge finanziert. Dazu entrichten die Mitglieder und die Arbeitgeber Beiträge [...]«.

In Zusammenhang mit dem Gleichheitsgrundsatz ist dieses Prinzip dahingehend zu verstehen, dass alle Mitglieder der gesetzlichen Krankenversicherung solidarisch zur Finanzierung beitragen. Dies konstituiert eine Beitragspflicht, ist aber auch Basis für den aus dem Solidarprinzip abzuleitenden Grundsatz der Lastengerechtigkeit als Abwehrprinzip ungleicher Lastenverteilung. Damit ist eine systemspezifische Anforderung an die gesetzgeberische Gestaltung der Finanzierung dieser Sozialversicherung formuliert: Das Solidarpinzip verlangt, dass auch auf der Leistungsseite die Finanzierung dem Lastengerechtigkeitsprinzip folgt. Daraus folgt, dass bei Regelungen zur Zuzahlung diese die gesamte Solidargemeinschaft gleich treffen muss; die besondere Belastung einzelner Gruppen innerhalb der Solidargemeinschaft ist daher unzulässig.

133 *Wendt* (Fn. 106).
134 *Wendt* (Fn. 106).

Dies spricht dafür, den Grundsatz der Koppelung von Leistungsfähigkeit und Beitragszahlung auf die Leistungszuzahlungsseite zu übertragen und Zuzahlungsregelungen mit einer Leistungsfähigkeitsstaffelung zu versehen. Dabei kämen unterschiedliche Zuzahlungshöhen je nach Einkommen in Frage. Es widerspräche der Zielsetzung der gesetzlichen Krankenversicherung, die Krankenversorgung vom Einkommen abzukoppeln, um andererseits die Leistungsinanspruchnahme dann doch wieder durch Zuzahlungen nur einkommensschwächeren Versicherten faktisch zu erschweren und gar unmöglich zu machen. Insofern bedarf es entweder einer Staffelung nach Einkommen, oder die Zuzahlungen dürfen nur solche Höhen erreichen, die keine unzumutbaren Schranken errichten. Letzteres ist hier jedoch gerade der Fall. Bei Kosten von über 1.000 Euro und mehr an Zuzahlung können bestimmte Einkommensgruppen diese Leistungen nicht mehr in Anspruch nehemen. Die Anwendung der Obergrenze von 2 Prozent des Einkommens an Zuzahlungen lindert diese Situation nur bedingt, da sie zur Kostenerstattung erst am Ende eines Jahres unter erheblichem Darlegungsaufwand für die Betroffenen führt. Zunächst müsste das Geld von den Patienten selbst aufgebracht werden.

Die aktuelle Kostentragungsregelung bewirkt, dass die Versicherten trotz relational gleicher Beitragsleistung und medizinisch gleicher Bedarfssituation unterschiedliche Versicherungsleistungen erhalten bzw. diese faktisch nicht mehr in Anspruch nehmen können.

Eine besondere Abwandlung dieses Gedanken der Lastenverteilung ergibt sich daraus, dass diese Last im Rahmen des Umbaus eines Teiles des Sozialstaates erfolgt. In derartigen Situationen kommt insbesondere das Prinzip der »Rückschrittsgerechtigkeit« zum Tragen. Dieses ist das Spiegelbild der Verteilungsgerechtigkeit in Zeiten des sozialstaatlichen Rückbaus und in Art. 3 Abs. 1 GG in Verbindung mit dem Sozialstaatsprinzip zu verankern.

Verteilungsprobleme des gewährenden Sozialstaates wurden von der Rechtsprechung über den sozialstaatlich ausgefüllten Gleichheitssatz gelöst, der zugleich verfahrensrechtlich die Grundlage der Rüge einer Verletzung des Rechts auf soziale Sicherheit darstellt, etwa wenn einzelne Bevölkerungsgruppen bei der sozialen Besserstellung nicht ausreichend oder gar nicht beachtet wurden.[135]

Ein Verfassungsverstoß gegen Art. 3 Abs. 1 GG und Art. 20 Abs. 1 GG in Sinne des Grundsatzes der Verteilungsgerechtigkeit liegt dann vor, wenn die gewährte Hilfe nicht den Anforderungen sozialer Gerechtigkeit entspricht, sei es, dass der Kreis der Empfänger einer bestimmten staatlichen Leistung sachwidrig abgegrenzt ist oder dass bei einer funktionellen Gesamtbetrachtung einer Sozialaufgabe der soziale Schutz einer ins Gewicht fallenden Gruppe vernachlässigt wird.[136]

135 Vgl. BVerfGE 44, 283 (287).

136 Vgl. BVerfGE 38, 187 (197); 39, 316 (326); 40, 121 (134); 42, 176 (188); 44, 283 (287); 45, 376 (387).

Der Gleichheitssatz muss sich nicht nur bei der Vergabe von Überfluss, sondern gerade bei der Verwaltung von Mangel bewähren.[137] Die Konsequenz ist, dass der Maßstab der Verteilungsgerechtigkeit bei Gewährung von Leistungen in Zeiten knapper Kassen in sein Spiegelbild verwandelt werden muss: den Maßstab der »Rückschrittsgerechtigkeit« bei Leistungskürzungen.

In Umkehrung der Voraussetzungen eines Verstoßes gegen das Prinzip der Verteilungsgerechtigkeit gilt es also für einen Verstoß gegen die Rückschrittsgerechtigkeit festzustellen, ob der Kreis der Betroffenen von der Kürzung einer bestimmten staatlichen Leistung sachwidrig abgegrenzt ist oder dass bei einer Gesamtbetrachtung der soziale Schutz einer ins Gewicht fallenden Gruppe vernachlässigt wird.[138]

»Sachgerecht« ist die Auswahl der rechtmäßigen Differenzierungskriterien im Hinblick auf den zu regelnden Sachverhalt dann, wenn diese dem förderungswürdigen Ziel angemessen sind, denen die Differenzierung dienen soll.

Das hier geregelte Lebensverhältnis ist das der gesetzlichen Krankenversicherung. Wie bereits ausgeführt wurde, ist das Ziel des Gesetzes hier die Gewährleistung der finanziellen Stabilität bzw. finanziellen Konsolidierung der gesetzlichen Krankenversicherung. Dabei handelt es sich um ein legitimes Differenzierungsziel.

Im vorliegenden Fall stellt der »Ehestatus« – wie bereits dargelegt wurde – ein Kriterium dar, welches dem System der Finanzierung der gesetzlichen Krankenversicherung fremd ist. Dem systemimmanenten Prinzip der solidarischen Finanzierung entspricht es nicht, dass eine Gruppe durch das gesundheitssystemfremde Kriterium »Ehestatus« ausgesondert wird. Der Gedanke der Rückschrittsgerechtigkeit kommt hier insbesondere in der Erwägung zum Tragen, dass zunächst alle Mitglieder gleichmäßig zur Solidaraufgabe der Konsolidierung der gesetzlichen Krankenversicherung herangezogen werden sollten, bevor einzelne Leistungsbeziehergruppen besonders belastet werden. Zudem treffen die übrigen Zuzahlungsregelungen alle Versicherten nach dem Zufallsprinzip. Die Regelung zum Zahnersatz oder betreffend Zuzahlungen zu Arzneimitteln betreffen alle Versicherten mit nahezu vergleichbarem Risiko. Zudem gibt es beim Zahnersatz die Möglichkeit der Zusatzversicherung, für die Zuzahlungen zu Arzneimitteln Obergrenzen.

Die so genannte »Praxisgebühr« sowie die Zuzahlungsregelungen für Arzneimittel stellen zumindest unter dem Aspekt der Lastengerechtigkeit zulässige Zusatzbelastungen der Solidargemeinschaft dar, da sie potentiell jeden Versicherten treffen können, ohne rechtlich eine bestimmte Gruppe vorrangig zu belasten. Dies ist jedoch im Falle der Selbstbeteiligung Verheirateter an den Kosten für eine künstliche Befruchtung grundlegend anders.

Die hier ungleich gegenüber anderen Versicherten zur Konsolidierung der gesetzlichen Krankenversicherung Herangezogenen gehören einer insbesondere für die Konsolidierung der Sozialversicherungssysteme ins Gewicht fallenden

137 Vgl. BVerfGE 60, 16 (43).

138 Vgl. BVerfGE 38, 187 (197); 39, 316 (326); 40, 121 (134); 42, 176 (188); 44, 283 (287); 45, 376 (387).

Gruppe an, indem ihr verwirklichter Kinderwunsch langfristig einen maßgeblichen Beitrag zur Erhöhung der Beitragszahler leisten kann. Im Rahmen des Gestaltungsspielraumes des Gesetzgebers hat der Wille zur Zeugung, Betreuung und Erziehung von Kindern bei der Leistungsgewährung im Rahmen der gesetzlichen Krankenversicherung nicht genügend Berücksichtigung gefunden.

Durch die Leistungskürzung der Maßnahmen künstlicher Befruchtung wird die Gruppe Versicherter mit Kinderwunsch gegenüber kinderwunschlosen Mitgliedern der gesetzlichen Krankenversicherung, die aus dieser potentiellen Betreuungs- und Erziehungsleistung im Falle der Krankheit Nutzen ziehen, in verfassungswidriger Weise benachteiligt.

Die potentielle Erziehungsleistung versicherter Eltern begünstigt innerhalb eines umlagefinanzierten Sozialversicherungssystems, das der Deckung eines maßgeblich vom Krankwerden der Versicherten bestimmten Risikos dient, in spezifischer Weise Versicherte ohne Kinder. Dabei ist entscheidend, dass der durch den Eintritt des Versicherungsfalls verursachte finanzielle Bedarf am höchsten ist, wenn die heutigen Mitglieder sich in der Großelterngeneration befinden. Es ist empirisch bewiesen, dass die höchsten medizinischen Kosten im hohen Alter durch Multimorbidität oder lebensverlängernde Maßnahmen anfallen. Wird ein solches allgemeines, regelmäßig erst im fortgeschrittenen Alter auftretendes Risiko durch ein Umlageverfahren finanziert, so hat die Zeugung und Erziehung potentieller Beitragszahler konstitutive Bedeutung für die Funktionsfähigkeit des Systems.

Insofern handelt es ich bei einer funktionellen Gesamtbetrachtung bei den fortpflanzungswilligen Eheleuten um eine für die Sozialaufgabe »Sicherstellung der Krankenversorgung« besonders schutzwürdige Gruppe. Ausgerechnet diese Gruppe in der Erfüllung ihres Beitrages zur Funktionsfähigkeit des Gesamtsystems zu benachteiligen, statt zu fördern, wird dem Gebot der Rückschrittsgerechtigkeit nicht gerecht. Damit liegt ein Verstoß gegen den Gleichheitssatz des Art. 3 Abs. 1 GG vor.

2. *Prüfung am Maßstab der vom Gesetz selbst statuierten Sachgesetzlichkeit (Art. 3 Abs. 1 GG in Verbindung mit dem Sozial- und Rechtsstaatsprinzip)*

Über die bereits festgestellte Unzulässigkeit des Differenzierungskriteriums »Ehestatus« hinaus kommt weiterhin ein Verstoß gegen die vom Gesetz selbst gesetzte Sachgesetzlichkeit in Betracht. Durch die Kürzung der Leistungen für Maßnahmen zur künstlichen Befruchtung könnte der Gesetzgeber gegen Art. 3 Abs. 1 GG in Verbindung mit dem Sozial- und Rechtsstaatsprinzip in der Ausformung der Systemgerechtigkeit verstoßen haben. Eine Verletzung der Systemgerechtigkeit kommt unter dem Gesichtspunkt eines Verstoßes gegen systemimmanente Maßstäbe des Krankenversicherungssystems in Betracht.

a) *Allgemeiner Maßstab der Systemkonsequenz*

Besondere Bedeutung bei hochkomplexen Regelungsmaterien hat der Maßstab der »Systemgerechtigkeit«. Teilweise wird auch vom Grundsatz der Sachgemäßheit oder Folgerichtigkeit gesprochen.

Der Grundsatz der Sachgemäßheit verlangt, dass den vorgefundenen tatsächlichen Gegebenheiten (den Sachgesetzlichkeiten) des zu ordnenden Lebenssachverhaltes Rechnung zu tragen ist. Auch muss das Differenzierungskriterium und damit die Ungleichbehandlung selbst den Sachgesetzlichkeiten entsprechen, die sich aus der Art des zu regelnden Lebensbereiches ergeben.[139]

Der Grundsatz der Folgerichtigkeit besagt, dass die einmal vom Gesetz erfassten Tatbestände, die nun zu Regeln geworden sind, in sich sachgesetzlich – besser folgerichtig – geregelt werden müssen.[140] Er beinhaltet zugleich den Gesichtspunkt, dass die Regelungsmaterie in Hinblick auf das selbst gesetzte Ziel in sich folgerichtig zu sein hat.

Die Bezeichnungen weisen also auf verschiedene Gesichtspunkte des Maßstabes der Systemgerechtigkeit hin, der zugrunde liegende Gedanke ist ein gemeinsamer: Nach der Rechtsprechung des Bundesverfassungsgerichts verpflichtet das Rechtsstaatsprinzip[141] »alle rechtsetzenden Organe des Bundes und der Länder, die Regelungen jeweils so aufeinander abzustimmen, daß den Normadressaten nicht gegenläufige Regelungen erreichen, die die Rechtsordnung widersprüchlich machen«[142]. Zu den Vorgegebenheiten, die bei der Gestaltung eines Gesetzes daher ebenfalls beachtet werden müssen, gehört auch die Rücksichtnahme auf die Einheit der Rechtsordnung. Bleibt es daher zunächst grundsätzlich der Entscheidung des Gesetzgebers überlassen, nach welchem System er eine Materie ordnen und welche zweckmäßigen Regelungen er treffen will, ist der Gesetzgeber innerhalb bestimmter Gesetzgebungsmaterien gebunden durch die selbstgewählten Sachgesetzlichkeiten, die er bei seiner das System ausbauenden, umbauenden oder rückbauenden Tätigkeit zu berücksichtigen hat. Das System, das einen Ordnungsbereich durch vom Gesetzgeber selbst gesetzte Grundregeln bestimmt, darf nicht ohne weiteres durchbrochen werden.[143]

Das Prinzip der Widerspruchsfreiheit der Rechtsordnung weist damit den Weg zum Postulat der Systemgerechtigkeit.[144]

Der Gedanke der Systemkonsequenz im Rahmen des Art. 3 Abs. 1 GG wird aus dem Mangel abgeleitet, dass angesichts der hohen Komplexität des zu regelnden Soziallebens die in der Verfassung unmittelbar zum Ausdruck gekommenen Dif-

139 *Gubelt* (Fn. 105), Art. 3 Rn. 30.

140 BVerfGE 4, 219 (243); 36, 336 (394).

141 Siehe zu dessen Herleitung *Sodan/Ziekow* (Fn. 22), § 7 Rn. 2.

142 BVerfGE 98, 106 (118 f.); fast wortgleich BVerfGE 98, 83 (97); 98, 265 (301).

143 Vgl. BVerfGE 18, 315 (334); 25, 236 (251 f.); 85, 238 (247).

144 *Helge Sodan*, Das Prinzip der Widerspruchsfreiheit der Rechtsordnung, JZ 1999, 864 (865).

ferenzierungsgebote und -verbote zur Lösung aller Gleichheitsprobleme nicht ausreichen.

> »Der Topos der Systemkonsequenz operationalisiert den Gleichheitssatz und das in ihm liegende Sachgerechtigkeitspostulat unter dem Blickwinkel bereichsspezifischer Folgerichtigkeit. Das Systemtreue-Argument konkretisiert das Willkürverbot für einzelne Ordnungsbereiche [...]«.[145]

So erscheint eine Norm willkürlich, wenn sie sich in den inneren Zusammenhang der ganzen Regelung nicht folgerichtig einordnen lässt. Insbesondere bei der Reform einer umfangreichen Rechtsmaterie wie des Krankenversicherungsrechts, die häufig in Etappen verläuft, nötigt der Gedanke der Systemgerechtigkeit und Folgerichtigkeit den Gesetzgeber zu erhöhter Aufmerksamkeit, sich in den selbstgewählten Pfaden fortzubewegen.

Bei der Kontrolle der Vereinbarkeit einer Regelung mit Art. 3 Abs. 1 GG ist daher zu prüfen, ob die tatsächlichen Sachverhältnisse berücksichtigt wurden, die Regeln in sich folgerichtig sind und die bei der rechtlichen Ordnung eines eigenen Lebensbereiches vom Gesetzgeber als maßgebend zugrunde gelegten Wertentscheidungen bei der Ausgestaltung des Inhalts der in Frage stehenden gesetzlichen Regelung folgerichtig durchgehalten worden sind.

b) Zur Relativierung des Gedankens der Systemkonsequenz

Der Gesichtspunkt der Systemgerechtigkeit kann als Schutz gegenüber Leistungskürzungen allerdings eine nur begrenzte Wirkung entfalten. Eine Bindung des Gesetzgebers an die von ihm selbst geschaffene oder übernommene »Sachgesetzlichkeit« der Sozialleistungssysteme würde das einfach-gesetzliche Sozialrecht in den Rang von Verfassungsrecht heben und die Gestaltungsfreiheit des Gesetzgebers stark einschränken. Die Systemwidrigkeit für sich allein führt noch nicht zu einem Verstoß gegen Art. 3 Abs. 1 GG. Eine Verletzung der vom Gesetz selbst statuierten Sachgesetzlichkeit kann aber einen solchen Verstoß indizieren. Insbesondere kann sie ein Indiz dafür sein, dass die mit einer Novellierung verfolgte Zielsetzung oder Differenzierung nicht sachgerecht im Sinne des Willkürdogmas ist.[146]

Die Indizfunktion der Systemgerechtigkeit spielt also bei der genaueren Analyse des Art. 3 Abs. 1 GG, vor allem bei der Bildung der Vergleichsgruppen und für die Legitimierung der Regelung eine Rolle. Gemessen an den Prinzipien des Leistungssystems entscheidet sich, ob gleiche Sachverhalte ungleich oder gleich behandelt werden.

Zu unterscheiden ist bei der Konkretisierung der Systemgerechtigkeitsprinzipien in der gesetzlichen Krankenversicherung zwischen den Rahmenprinzipien der Verfassungsebene und den Inhaltsprinzipien der einfachgesetzlichen Rege-

145 *Schlenker* (Fn. 1), S. 61.
146 BVerfGE 24, 75 (100); vgl. etwa auch BVerfGE 34, 103 (115).

lungsebene. Diese Ebenen stehen in einem einander definierenden Wechselwirkungsverhältnis.

c) *Verfassungsrechtliche Rahmenmaßstäbe der Systemgerechtigkeit in der gesetzlichen Krankenversicherung*

aa) *Sozialstaatsprinzip*

Das Grundgesetz konstituiert in Art. 20 Abs. 1 und Art. 28 Abs. 1 Satz 1 die Bundesrepublik Deutschland als »sozialen Bundesstaat« bzw. »sozialen Rechtsstaat« und gestattet die deutsche Mitwirkung bei der Entwicklung der Europäischen Union nach Art. 23 Abs. 1 Satz 1 GG nur, wenn diese auch »sozialen Grundsätzen« verpflichtet ist. Rechtsprechung und Literatur messen der Tatsache, dass es sich jeweils nur um eine *adjektivische* Erwähnung des sozialen Elements handelt, meist keine qualitative Bedeutung zu.[147]

Das Sozialstaatsprinzip ist inhaltlich hochgradig unbestimmt. Im Gegensatz zu den anderen Strukturprinzipien der Demokratie, des Rechtsstaates und des Bundesstaates wurden konkretisierende Teilprinzipien, über welche es erschlossen werden könnte, kaum entwickelt. Eine allgemeine Definition stößt daher auf erhebliche Schwierigkeiten. Ausgemacht werden jedoch verschiedene Teilziele: soziale Sicherheit, soziale Gerechtigkeit und Chancengleichheit. Der grundsätzlichen Übereinkunft hinsichtlich dieser aus dem Sozialstaatsprinzip abzuleitenden Ziele steht eine große Ungewissheit gegenüber, wie diese Ziele erreicht werden sollen und was sich inhaltlich hinter diesen Schlagwörtern verbirgt.[148]

Auf Grund der hohen Unbestimmtheit und fehlenden verfassungsrechtlichen Handlungsvorgaben ist das Sozialstaatsprinzip im Grunde kein echtes Staatsstrukturprinzip, sondern von der Art und Weise der ihm zukommenden Rechtswirkungen eher als Staatszielbestimmung zu charakterisieren.[149] »Entsprechend seiner Offenheit hat das Sozialstaatsprinzip programmatischen Charakter.«[150] Es ist ein in hohem Maße der konkreten Ausgestaltung fähiges und bedürftiges Prinzip, welches durch den Gesetzgeber verwirklicht wird.[151]

Eine bestimmte Ausgestaltung der sozialen Sicherungssysteme ist dem Gesetzgeber durch das Sozialstaatsgebot also nicht vorgeschrieben. In diesem Zusam-

147 Nur gelegentlich wird aus dem Adjektiv »sozial« ein »Sozialprinzip« hergeleitet: siehe *Karl Albrecht Schachtschneider*, Das Sozialprinzip. Zu seiner Stellung im Verfassungssystem des Grundgesetzes, 1974, S. 31 f.; vgl. ferner *Detlef Merten*, Grenzen des Sozialstaats, VSSR 1995, 155 (157).

148 Vgl. *Hans F. Zacher*, Das soziale Staatsziel, in: Josef Isensee/Paul Kirchhof (Hrsg.), Handbuch des Staatsrechts der Bundesrepublik Deutschland, Bd. II, 3. Aufl. 2004, § 28 Rn. 68 ff.

149 *Peter Badura*, Der Sozialstaat, DÖV 1989, 491 (493).

150 *Michael Sachs*, in: ders. (Hrsg.), Grundgesetz. Kommentar, 3. Aufl. 2003, Art. 20 Rn. 47.

151 Vgl. etwa BVerfGE 1, 97 (105); 33, 303 (331 ff.); 65, 182 (193); 82, 60 (80); *Sodan* (Fn. 9), S. 312.

menhang betont das Bundesverfassungsgericht immer wieder den weiten Gestaltungsspielraum, den der Gesetzgeber hat, um die Ziele des Sozialstaatsprinzips zu erreichen. Vor allem hat das Bundesverfassungsgericht nicht zu entscheiden, ob der Gesetzgeber in Verfolgung des Sozialgestaltungsauftrages die zweckmäßigste und sozialpolitisch vernünftigste Lösung für eine Sozialaufgabe gefunden hat. »Es liegt grundsätzlich in der Gestaltungsfreiheit des Gesetzgebers, den ihm geeignet erscheinenden Weg zu bestimmen, besonders zwischen den verschiedenen Formen finanzieller Hilfe [...] zu wählen [..].«[152] Ebenso hat der Gesetzgeber zu entscheiden, in welchem Umfang soziale Hilfe unter Berücksichtigung der vorhandenen Mittel und anderer gleichrangiger Staatsaufgaben gewährt werden kann und soll.

bb) Problem der Anwendung des Sozialstaatsgebotes im Rahmen des allgemeinen Gleichheitssatzes

Häufig wird die Auffassung vertreten, dass auch das Sozialstaatsprinzip bei der Gleichheitskontrolle von Gesetzen im Rahmen der Anwendung von Art. 3 Abs. 1 GG als Prüfungsmaßstab angesehen werden müsse, weil es als ein zugunsten der sozial schwächeren Gruppen wirkendes Differenzierungsgebot den Inhalt des allgemeinen Gleichheitssatzes zu bestimmen vermöge[153]. Gleichwohl ist die Anwendung des Sozialstaatsprinzips in diesem Zusammenhang nicht unproblematisch. Dies gilt nicht nur deshalb, weil das Sozialstaatsprinzip inhaltlich sehr unbestimmt ist, sondern vor allem deshalb, weil sich das Sozialstaatsgebot primär an den Gesetzgeber richtet[154]. Ohne die gesetzgeberische Konkretisierung kann das Sozialstaatsprinzip von einem Gericht nicht unmittelbar herangezogen werden, um den Gleichheitssatz zu bestimmen. Daher ergibt sich die Beachtung der Sachgesetzlichkeiten eines Regelungsbereiches geradezu als Gebot des Gewaltenteilungsprinzips. Aus der rückkoppelnden Konkretisierung des Sozialstaatsgebotes durch Gesetzesrecht folgt, dass ein Verstoß gegen den allgemeinen Gleichheitssatz dann anzunehmen ist, wenn der Gesetzgeber das selbst gewählte soziale Leistungssystem nicht folgerichtig eingehalten hat.[155]

Das Sozialstaatsgebot nimmt durch seinen Wirklichkeitsbezug ein Element des beständigen Wandels in sich auf. Auf Grund der sich ständig ändernden Wirklichkeit stellt sich die Zielverwirklichungs- bzw. Zielverfolgungsfrage dauernd neu. Es wird vom »Sozialen« als »Prozeß« gesprochen[156]. Das durch Unterziele konkretisierte soziale Staatsziel ist keine statische Größe, sondern ein sich wandeln-

152 BVerfGE 40, 121 (133).

153 Siehe etwa *Wiltraud Rupp-von Brünneck*, Sondervotum BVerfGE 36, 247, 248; vgl. ferner *Hsu* (Fn. 1), S. 62 m. w. N.

154 Vgl. BVerfGE 1, 97 (105); 22, 180 (204); 36, 73 (84); 50, 57 (108).

155 Vgl. *Christian Starck*, in: Hermann von Mangoldt/Friedrich Klein/Christian Starck (Hrsg.), Kommentar zum Grundgesetz, Bd. 1, 5. Aufl. 2005, Art. 3 Rn. 44.

156 *Zacher* (Fn. 148), § 28 Rn. 83 f.

der, entwickelnder, zukunftsoffener Begriff, in den zum einen Änderungen des Lebensstandards und zum anderen Änderungen des Risikobewusstseins sowie der Zuordnung von Risikosphären angesichts eines beschleunigten sozialen, wirtschaftlichen und technologischen Wandels einfließen. Da der Wandel der sozialen Wirklichkeit somit nicht nur die Zielverfolgung bzw. -verwirklichung als Prozess erscheinen lässt, sondern auch die Konkretisierung des Zielbereichs selbst in Bewegung hält, kann von einer doppelten Dynamik des Sozialstaats gesprochen werden.

Aus dieser resultiert nicht die normative Schwäche des Sozialstaatsgebotes, eindeutige Grenzmarken der Unterschreitung des Sozialstaatsgebotes festzusetzen, sondern seine Stärke, ständig den Bezug zur aktuellen Wirklichkeit zu halten. Insofern ist das Leistungsniveau, das garantiert werden soll, im Idealfall nie eines, das die Leistungsfähigkeit des Staates überfordert. Es ist eines, das die Leistungsfähigkeit des Staates einfordert.

cc) Zusammenschau aus Rechtsstaats- und Sozialstaatsprinzip

Ein weiterer Maßstab ergibt sich aus der Zusammenschau von Rechtsstaats- und Sozialstaatsprinzip. Die beiden Hauptziele des Sozialstaates »soziale Sicherheit« und »sozialer Ausgleich« eröffnen – isoliert betrachtet – eine breite Palette staatlicher Gestaltungsmöglichkeiten: vom lediglich das Existenzminimum sichernden, weitgehend die Eigenverantwortung betonenden Staat bis zum auf stetige Expansion und Sicherungsperfektion gerichteten Fürsorgestaat. Interpretiert man indes das Sozialstaatsprinzip im Kontext mit den übrigen materiellen Bestimmungen des Grundgesetzes, so engt sich die inhaltliche Gestaltung ein. Besondere Bedeutung erhält dabei die Verknüpfung von Sozialstaat und Rechtsstaat, die in Art. 28 Abs. 1 Satz 1 GG mit dem Begriff des »sozialen Rechtsstaates« ausdrücklich vorgenommen wird.

In seiner materiellen Komponente verpflichtet der Rechtsstaat zum Schutz der Menschenwürde und der individuellen Freiheit. Konsequent richtet sich das Rechtstaatsprinzip tendenziell gegen eine Reglementierung des sozialen Prozesses und gegen Eingriffe in die Freiheitssphäre des anderen, so dass auf den ersten Blick zwischen Sozialstaat und Rechtsstaat ein antagonistisches Verhältnis besteht. Echte Antagonisten sind diese Prinzipien aber nur, wenn man einerseits die individuelle Freiheit aus dem sozialen Verantwortungskontext löst und andererseits die soziale Versorgung zum die Freiheit erstickenden Selbstzweck erhebt.

Freiheit und Fürsorge sind als Komponenten der praktischen Konkordanz zwischen Sozialstaat und Rechtsstaat zu denken. Der soziale Rechtsstaat schafft die Voraussetzungen der Freiheitsbetätigung seiner Bürger. Die Fürsorge des Staates ist weniger die des welfare state, denn die des enabling state. Er ist nicht auf entmündigende Betreuung oder Eigeninitiative erstickende Versorgung, sondern auf Freiheit und Eigenverantwortung fördernde Unterstützung, kurz: Hilfe zur Selbsthilfe gerichtet. Sozialstaatliche Maßnahmen müssen mithin vorrangig Freiheitsförderung zum Ziel haben. Dieses bildet zugleich den Maßstab für Umverteilung und Intervention.

Indem die Kostentragungsregelung in § 27a Abs. 3 Satz 3 SGB V einen faktischen Ausschluss der Inanspruchnahme durch einkommensschwache gesetzlich Krankenversicherte bewirkt, könnte sie eine Absenkung des Leistungsstandards der gesetzlichen Krankenversicherung unter das verfassungsrechtlich gebotene Niveau bewirken. Dann müsste es ein solches verfassungsrechtlich gewährleistetes Niveau geben.

Das Bundesverfassungsgericht äußert sich dazu differenziert: Zum einen lehnt es eine Einengung des Gesetzgebers auf einen bestimmten Leistungsumfang ab. Aus dem Prinzip des Umlagesystems der gesetzlichen Krankenversicherung ergebe sich, dass die Versicherten keinen konkreten Anspruch auf einen bestimmten Leistungsumfang hätten. Hierin bestehe der Unterschied zur Privatversicherung, wo in der Regel Leistungen und Gegenleistungen von vornherein feststünden.[157]

Ausgehend von der Dogmatik zu Art. 2 Abs. 2 Satz 1 GG könnte man davon ausgehen, dass allein das verfassungsrechtlich garantierte Existenzminimum die Grenze leistungsstaatlicher Rückbaumaßnahmen des Gesetzgebers ist. Staatliche finanzielle Leistungen zum Schutze der Gesundheit ließen sich nur im Rahmen eines eng bemessenen Existenzminimums unmittelbar aus Art. 2 Abs. 2 Satz 1 in Verbindung mit Art. 1 Abs. 1 Satz 2 GG folgern. Ansprüche, die darüber hinaus gingen, könnten sich nur aus Leistungsgesetzen ergeben.[158] Der weite Gesetzgebungsspielraum bei der Verwirklichung des Sozialstaatsprinzips wäre erst dann überschritten, wenn die notwendige Versorgung gefährdet wäre, die Grenze des rückbauenden Sozialstaatsgesetzgebers bildete das Untermaßverbot. Folgt man dieser Auffassung, ist eine Unterschreitung des gewährleisteten Standards in der gesetzlichen Krankenversicherung und damit eine Verletzung des Untermaßverbotes nur bei eklatanten Einschnitten gegeben.

Nun könnte man die Ansicht vertreten, dass die nach dem Stand der Medizin bestmögliche und im Interesse des Patienten sinnvollste medizinische Versorgung bei Krankheit bereits zu dem unmittelbar aus Art. 1 Abs. 1 GG gewährleisteten Existenzminimum gehört[159]. Dies würde dann auch für die Maßnahmen zur künstlichen Befruchtung als anerkannt notwendige Heilbehandlung gelten. Die Konsequenz dieser Ansicht wäre ein sehr weiter Umfang der elementarsten Pflicht zu staatlicher Unterstützung. Eine solche Erweiterung des Mindeststandards der staatlichen Schutzpflicht ist aber verfehlt.

Davon abgesehen stellt sich jedoch die Frage, ob der Maßstab tatsächlich erst bei eklatantem Abfall des Sozialstandards beginnt oder ob sich aus den systemimmanenten Maßstäben der Sozialversicherung in Verbindung mit Vorgaben der Verfassung nicht ein anderer Maßstab ergibt. Wie *Christian Starck* ausführt, können Ansprüche, die darüber hinaus gingen, sich nur aus Leistungsgesetzen erge-

157 So BVerfGE 58, 81 (123) im Hinblick auf die gesetzliche Rentenversicherung.

158 *Starck* (Fn. 155), Art. 2 Rn. 231.

159 *Schlenker* (Fn. 1), S. 121.

ben[160]. Insofern stellt sich die Frage, ob nicht aus den systemimmanenten Prinzipien des Krankenversicherungssystems als Leistungsgesetzgefüge ein höherer Leistungsstandard ableitbar ist.

dd) *Ableitung eines höheren Leistungsstandards anhand der Rechtsprechung des Bundesverfassungsgerichts*

aaa) *Judikatur zum Leistungsstandard in der gesetzlichen Rentenversicherung*

Die Gewährleistung eines über dem Existenzminimum garantierten Leistungsstandards ergibt sich aus einer Übertragung der Grundsätze von Entscheidungen des Bundesverfassungsgerichts zur gesetzlichen Rentenversicherung. Darin hat das Bundesverfassungsgericht die Aufgabe der gesetzlichen Rentenversicherung dahin umschrieben, dass die Renten die Aufrechterhaltung des Lebensstandards nach dem Ausscheiden aus dem Arbeitsleben gewährleisten sollen[161]. Die in der gesetzlichen Rentenversicherung Versicherten erwerben danach einen staatlich garantierten Anspruch gegen die Versichertengemeinschaft, nach Erreichen der Altersgrenze durch die dann Erwerbstätigen ebenfalls versorgt zu werden. Der Anspruch auf Rentenversicherung gehe auf eine angemessene, aber noch nicht genau bestimmte und von der Entwicklung der Verhältnisse – z. B. der Leistungsfähigkeit der jeweils Erwerbstätigen – abhängige Versorgung.[162]

Dieser Anspruch auf Versorgung bei Erreichen der Altersgrenze sei kein »Geschenk der Allgemeinheit, sondern die für die Zahlung der Beiträge im Rahmen des Rentenversicherungsverhältnisses gesetzlich zugesicherte Gegenleistung der Versichertengemeinschaft«.[163] Verfassungsrechtlicher Anknüpfungspunkt für diese Ausführungen waren nicht etwa das Sozialstaatsprinzip oder Art. 14 Abs. 1 GG, sondern der allgemeine Gleichheitssatz, der als Konsequenzgebot zur Aufdeckung der Systemlinien des derzeit existierenden Rentenversicherungsmodells diente[164].

160 *Starck* (Fn. 155), Art. 2 Rn. 231.
161 Siehe BVerfGE 51, 1 (28).
162 BVerfGE 54, 11 (28 f.).
163 BVerfGE 54, 11 (29).
164 Siehe *Schlenker* (Fn. 1), S. 109.

bbb) Anwendung der Maßstäbe zur gesetzlichen Rentenversicherung auf die gesetzliche Krankenversicherung

Ebenso weisen die »Systemlinien« des Krankenversicherungsrechts den Weg zur Herleitung eines über dem Existenzminimum zu gewährleistenden Leistungsstandards.

Freiheit und Fürsorge sind in der Sozialversicherung konkretisiert in den Komponenten »Eigenverantwortung« und »Solidarprinzip«.

Die Sozialversicherungssysteme bauen nicht auf der Vorsorgebedürftigkeit, sondern vor allem auf der Vorsorgefähigkeit auf. Der freiheitliche Sozialstaat basiert auf der Grundregel, dass jeder Erwachsene die Möglichkeit hat, aber auch die Verantwortung trägt, den Unterhalt für sich und seine Familie zu verdienen. Das Gemeinwesen übernimmt zu allererst die Verantwortung dafür, dass die Verhältnisse so geordnet und gestaltet sind, dass sich diese Regel vollziehen kann.

Die Regel der Selbstverantwortung kann jedoch an Grenzen stoßen, wenn bestimmte Bedarfssituationen die Kräfte des Einzelnen und seiner Familie überfordern. Deshalb trifft den Sozialstaat eine besondere Verantwortung für die Erreichbarkeit notwendiger Güter wie die Versorgung im Krankheitsfall, deren Kosten regelmäßig der Einzelne nicht tragen könnte. Die Leistung, die der Einzelne erhält, stellt sich dann aber nicht als Leistung des Staates, sondern als erhebliche Eigenleistung des Betroffenen dar. Soziale Vorsorge im System tendiert auf mehr als den Schutz des Existenzminimums. Vorsorgesysteme sind mithin darauf angelegt, den – in der Regel in der Vorsorgeleistung reflektierten – Lebensstandard der Gesicherten für den Fall zu sichern, dass sich das versicherte soziale Risiko verwirklicht.

ccc) Rechtsprechung zur gesetzlichen Unfallversicherung

Eingeschränkt wird diese Garantie durch – die Grundthese jedoch bestätigende – Ausführungen des Bundesverfassungsgerichts in einem Beschluss vom 22. Juni 1977: Darin bezeichnete das Gericht es ausdrücklich als »zu eng, die Einwirkung des Sozialstaatsprinzips auf das Regelungssystem der gesetzlichen Unfallversicherung nur als Schutz besonders Schwacher zu begreifen«[165]. Das Gericht trennt deutlich zwischen der allgemeinen einseitigen sozialstaatlichen Fürsorgepflicht und der komplexen qualifizierten Struktur der Sozialversicherung, die den in einem normalen Arbeitsleben erworbenen wirtschaftlichen und sozialen Status aufrechterhalten soll[166].

Begründet wird dies damit, dass »die mit dem Arbeitsleben der Industriegesellschaft zwangsläufig verbundenen Risiken [...] nicht von dem einzelnen Arbeitnehmer getragen werden« könnten, sondern »durch umfassende Systeme der

165 BVerfGE 45, 376 (387).
166 BVerfGE 45, 376 (387).

sozialen Sicherung wie insbesondere durch die gesetzliche Unfallversicherung aufgefangen oder doch gemildert werden« müssten[167]. Die Forderung nach umfassendem sozialen Schutz in einem System sozialer Sicherheit ist nicht auf die gesetzliche Unfallversicherung beschränkt, sondern das Gericht bezieht dies auf alle Fälle sozialer Schutzbedürftigkeit, die regelmäßig auftreten und herkömmlich von einem System sozialer Sicherheit aufgefangen werden, d. h. es soll eine Absicherung gegen die so genannten »Jedermann«- oder Normalrisiken des Erwerbslebens erfolgen.

Damit verlagert sich die Diskussion auf die Frage, was die Normalrisiken menschlichen Daseins sind, die durch das System der gesetzlichen Krankenversicherung gesichert werden sollen.

In der Beurteilung eines solchen Risikos steckt notwendig ein subjektives Element. Nichtsdestotrotz ist es anhand der typisierenden Beobachtung der generellen Lebensumstände von Arbeitnehmern in der heutigen Erwerbsgesellschaft möglich, derartige Risken festzulegen.

Besonders wichtig ist bei der Festlegung der Risikosphären der aus Art. 1 Abs. 1 GG und anderen Freiheitsrechten gefolgerte Grundgedanke, dass um der Erhaltung des Eigenverantwortungsbewusstseins des Menschen willen die Erreichung der sozialen Sicherheit in einem freiheitlich verfassten Staat ureigene Angelegenheit des einzelnen Bürgers ist und dieser deshalb auch in einem Sozialstaat bestimmte Risiken selbst tragen muss[168]. Dem Gedanken der Eigenverantwortung wird die Sozialversicherung gerecht, indem sie ein vom Staat gestiftetes und organisiertes solidargemeinschaftliches Selbsthilfesystem ist, dessen kollektiver Selbsthilfecharakter darin zum Ausdruck kommt, dass die Sozialversicherungsleistungen hauptsächlich aus den Beiträgen der versicherten Mitglieder selbst finanziert werden.

Es ist also insgesamt zu unterscheiden zwischen den Risiken der Existenz, die durch die Schutzpflicht des Staates abgefedert werden, den Risiken des normalen Erwerbslebens, die von der Solidargemeinschaft der Versicherten zu tragen sind, und den Risken der individuellen Lebensgestaltung, die gänzlich der Eigenverantwortung des Einzelnen zuzuordnen sind.

ddd) Zwischenergebnis

Aus der genannten Rechtsprechung des Bundesverfassungsgerichts ergibt sich, dass die Bereithaltung eines komplexen sozialen Sicherungssystems im Wege der Effektivierung des Sozialgerechtigkeitspostulats durch Art. 3 Abs. 1 GG in Verbindung mit dem Sozialstaatsprinzip gefordert ist, das in seiner Schutzdichte über die allgemeine sozialstaatliche Fürsorge- und Hilfspflicht hinausgeht. Qualitativ ist also zu unterscheiden zwischen dem verfassungsrechtlich zu gewährleistenden

167 BVerfGE 45, 376 (387).
168 *Hsu* (Fn. 1), S. 105.

Niveau einer Sozialversicherung als komplexen Versorgungssystems, das an die Schutzbedürftigkeit des Bürgers durch regelmäßige Risiken des Erwerbsleben anknüpft, und der Gewährleistung des Existenznotwendigen, das sich an der Schutzbedürftigkeit im Sonderfall orientiert.

eee) Subsumtion der Regelung unter die Maßstäbe »Normalrisiko« und »zeitgemäßes Niveau«

Das klassische System sozialer Sicherheit ist nicht an der individuellen Bedürftigkeit im Einzelfall ausgerichtet wie die Sozialhilfe, sondern deckt »typisierend« die »Jedermann«-Risiken des Alters, der Krankheit, des Unfalls und der Arbeitslosigkeit als solidarische Gemeinschaft ab.[169]

Anhand dieser Maßstäbe hat der Gesetzgeber dann gegen die Systemkonsequenz verstoßen, wenn durch die Regelung ein »Normalrisiko« der gesetzlichen Krankenversicherung nicht mehr gesichert ist und eine zeitgemäße Grundgesundheitsversorgung nicht mehr gewährleistet wird.

Fraglich ist also, ob die künstliche Befruchtung eine notwendige medizinische Versorgung des Normalrisikos »Infertilität« in einer heutigen Erwerbssituation ist oder es sich um ein Bagatellrisiko der individuellen Lebensgestaltung handelt.

In Bezug auf das »Normalrisiko Infertilität« könnte man nun argumentieren, dass der Kinderwunsch eine Lebensgestaltungsentscheidung und das Risiko der Infertilität daher ein privates Risiko ist, das nicht von der Solidargemeinschaft, sondern von der Eigenverantwortung der Betroffenen getragen werden muss.

Diese Einordnung griffe indessen zu kurz. Tatsächlich belegen Zahlen die zunehmende Häufigkeit von Infertilitätsstörungen, vermutlich – noch sind die Ursachen ungeklärt – auf Grund aggressiverer Umwelteinwirkungen durch Schadstoffe, ungesundes Leben etc. Infertilität ist keine Sondererscheinung. Insbesondere die altersbedingte Infertilität bzw. bei Frauen das Aufschieben des Kinderwunsches bis in ein nicht mehr konzepitionsoptimales Alter sind im Gegenteil typische Erscheinungen unserer heutigen Arbeitswelt, gerade in Deutschland, wo um die Vereinbarkeit von Kindererziehung und Berufsausübung noch immer hart gerungen wird.

Insofern stellt die künstliche Befruchtung die medizinisch notwendige Behandlung einer Krankheit dar, die in das Normalrisiko des Erwerbslebens fällt und daher von der Versichertengemeinschaft zu tragen ist.

fff) Zwischenergebnis

Die gesetzlich geregelte Reduzierung des Leistungsumfangs auf 50 Prozent der Kosten für Maßnahmen zur künstlichen Befruchtung lässt sich mit der Sicherung

169 Vgl. BVerfGE 18, 257 (268).

eines Leistungsniveaus oberhalb des durch staatliches »Gnaden- und Armenrecht« bestimmten Existenzminimums nicht vereinbaren.

ee) *Zur Gewährleistung eines »lediglich« zeitgerechten und angemessenen Standards in der gesetzlichen Krankenversicherung*

Ebenso wie Ansprüche in der gesetzlichen Rentenversicherung können Ansprüche in der gesetzlichen Krankenversicherung in Konkretisierung des dynamischen Anpassungsgebotes an die finanziellen Ressourcen der Solidargemeinschaft jeweils nur auf eine angemessene, aber noch nicht genau bestimmte und von der Entwicklung der Verhältnisse – z. B. der Leistungsfähigkeit der jeweils Erwerbstätigen – abhängige Versorgung[170] gehen. Die Bereithaltung eines zeitangemessenen Krankenversicherungssystems ist für das Bundesverfassungsgericht ebenfalls unmittelbare Ausformung des Sozialstaatsprinzips[171].

»Zeitangemessen« klingt jedoch gegenüber »existenznotwendig« und »eklatanter Abfall« großzügiger. Einer allzu großzügigen Gewährleistung bestimmter Versorgungsstandards gegenüber greifen aber Vorbehalte, die sich gegen eine zu starke verfassungsrechtliche Verpflichtung des Gesetzgebers richten, Leistungsniveaus beizubehalten.

Diese Ansätze kollidieren jedoch nur scheinbar. Während der eklatante Abfall des Leistungsniveaus die Grenze zu Art. 1 Abs. 1 GG markieren mag, ergibt sich aus den systemimmanenten Grundsätzen der gesetzlichen Krankenversicherung als Emanationen des Sozialstaatsprinzips und Rechtsstaatsgebotes in Verbindung mit dem Systemkonsequenzgebot die Gewährleistung eines zeitgerechten und angemessenen Leistungsstandards, der auch der wirklichkeitsangepassten Reformierbarkeit des leistungsgewährenden Staates gerecht wird.

Das Sozialversicherungssystem hat also die medizinisch notwendige Versorgung der Normalrisiken eines Erwerbslebens in der aktuellen wirtschaftlichen und sozialen Situation eines Arbeitnehmers in zeitgemäßer Form zu gewährleisten. In dieser Formel ist der Vorbehalt der Leistungsfähigkeit des Systems bereits enthalten und kann daher nicht zu einer nochmaligen Einschränkung des Leistungskataloges dienen.

Nicht ein luxuriöser, sondern ein »zeitgemäßer«, auf die reale Wirklichkeit im Bezugsmoment der Leistung abstellender Anspruchsumfang kann somit dem Sozialstaatsgebot und Rechtsstaatsprinzip sowie den der Sozialversicherung zugrunde liegenden Ausformungen dieser Prinzipien entnommen werden; er berücksichtigt sowohl die Leistungsfähigkeit der Versichertengemeinschaft als

170 Vgl. BVerfGE 54, 11 (28 f.).

171 BVerfGE 16, 286 (304); 45, 376 (387): Umfassende Systeme sozialer Sicherung erforderlich; BVerfGE 18, 257 (267): Dem Sozialstaatsprinzip entspreche es, wenn diejenigen, die wegen ihrer wirtschaftlichen Schwäche zur eigenen Lebensversorgung nicht in der Lage sind, in das Zwangsversicherungssystem der sozialen Krankenversicherung einbezogen werden.

auch das prozesshafte Element des Sozialstaates. Diese Herleitung der Garantie höheren Leistungsniveaus trägt daher den Vorbehalten des Gesetzgebers an allzu hohe Garantien ebenso wie der Leistungsfähigkeit des Gesamtsystems und der Prozesshaftigkeit des Sozialstaatsprinzips Rechnung, ohne das Bedürfnis des einzelnen Versicherten dem Vorbehalt des Möglichen weitgehend auszuliefern.

Dem könnte entgegengehalten werden, dass die künstliche Befruchtung eine Behandlung ist, die zwar grundsätzlich zum modernen Normalrisikobereich gehöre, in Zeiten knapper Kassen aber ausgelagert werden könnte. Insofern solle das Risiko »Infertilität« insbesondere durch Alter in den Bereich der gänzlichen Eigenverantwortung übertragen werden.

Diesem Einwand steht entgegen, dass die »Zeitgemäßheit« der Krankenversicherung zwar die Zahlungsfähigkeit der Krankenkassen mit einbezieht, dabei aber auch andere Zeitumstände wie die demographische Entwicklung zu berücksichtigen sind. Maßgeblich in Zeiten des Bevölkerungsrückganges gehört es zu einer zeitgemäßen Krankenversicherung, fortpflanzungswilligen Eltern keine allzu hohen Hürden in den Weg zu legen.

Die Garantie des »Zeitgemäßen« hat daher auch einen anspruchsausfüllenden Aspekt. »Zeitgemäße« Versorgung bedeutet, geknüpft an die Eigenleistungen der Beitragszahler, dass in Bezug auf die Leistungsfähigkeit des Systems auch der Umfang des Anspruchs so weit ist, wie die Leistungsfähigkeit des Systems es ergibt. Es ist davon auszugehen, dass es dem Gesetzgeber grundsätzlich frei steht, Leistungsbereiche aus der gesetzlichen Krankenversicherung auszugliedern, solange er ein Mindestmaß an Leistungen anbietet. Was das Mindestmaß jedoch ausmacht, bemisst sich nach der Relation von Beitragsleistungen des Versicherten zum Leistungsanspruch und nach der Funktionsfähigkeit der Sozialhilfe als Auffangbereich.

Unter dem Vorbehalt der Leistungsfähigkeit des Systems haben die Versicherten solange einen Anspruch auf die sozialrechtlich festgelegten Leistungsstandards, wie ein absolutes Abweichen von dem Systemgrundsatz der Gewährleistung der notwendigen Versorgung nicht notwendig zur Erhaltung der Funktionsfähigkeit des Systems an sich ist.

Da der Gesetzgeber im GKV-Modernisierungsgesetz aus dem Jahre 2003 nicht grundsätzlich von dem Prinzip der Gewährleistung der notwendigen Versorgung abgegangen ist und das Gesamtniveau gesenkt hat, zugleich aber einer bestimmten Gruppe in der gesetzlichen Krankenversicherung fortan nicht mehr die volle Kostenübernahme einer medizinisch notwendigen Behandlung gewährt, liegt ein Systembruch vor.

ff) Zwischenergebnis

Die Kostenregelung in § 27a Abs. 3 Satz 3 SGB V lässt sich mit der aus Art. 3 Abs. 1 GG in Versbindung mit dem Sozialstaatsgebot und dem Rechtsstaatsprinzip abzuleitenden Garantie des aktuell möglichen Leistungsstandards nicht vereinbaren.

gg) Einfachgesetzliche Konkretisierungen der Systemgerechtigkeit im Rahmen der gesetzlichen Krankenversicherung

Möglicherweise wird die Kostenregelung dem Systemkonsequenzgedanken auch im Hinblick auf einfachgesetzliche Prinzipien nicht gerecht.

aaa) Konkretisierung des Art. 3 Abs. 1 GG durch einfaches Gesetzesrecht?

Die Ausfüllung von Verfassungsrecht (hier des Sozialstaatsgebotes und des Art. 3 Abs. 1 GG) durch einfaches Gesetz stößt nicht nur auf Grund des Durchbrechens der für die Rechtmäßigkeitsprüfung maßgeblichen Normenhierarchie auf Bedenken. Es kann sich nämlich ein Gedankenzirkel wie folgt ergeben: (1) Der Gleichheitssatz bindet den Gesetzgeber; (2) den Inhalt des Gleichheitssatzes legt der Gesetzgeber selbst fest; (3) Ergebnis: Was den Gesetzgeber im Bereich der Gleichheit bindet, legt er selbst fest.[172] Zudem soll gerade die Rechtmäßigkeit des einfachen Gesetzes geprüft werden. Lediglich die Prüfung an unhinterfragtem einfachen Recht und eventuell nicht charakteristischen Regelungsinhalten für die Materie kann zu Verzerrungen und Fehlbildungen des Maßstabes führen. Hier öffnet sich die Tür zu Wertentscheidungen und weiterer Uneindeutigkeit: Es stellt sich die Frage, welche Regelungen oder Prinzipien ein charakteristischer Ausdruck der Regelungsmaterie sind, und damit nach dem Verhältnis mehrerer ein Rechtsgebiet prägender und möglicherweise antagonistischer Prinzipien.

Gleichwohl bietet sich die Konkretisierung höherrangigen Rechts durch einfaches Recht in Fällen an, in denen dem Verfassungsrecht begriffliche Selbständigkeit fehlt. Insoweit ist darauf zu achten, dass die jeweils entwickelten Maßstäbe tatsächlich charakteristischen Inhalt haben. Es muss sich bei den aus dem Inhalt der einfachen Gesetze entwickelten Maßstäben um solche handeln, die aus den Grundprinzipien der jeweiligen Gesamtregelungsmaterie[173], der Grundkonzeption des Gesetzgebers[174] entwickelt wurden und die vom Gesetzgeber selbstgewählte grundlegende Wertentscheidung, das »System« des Gesetzes[175], für die Subsumtion operationalisieren.

172 *Hsu* (Fn. 1), S. 64.
173 BVerfGE 9, 20 (28); 18, 315 (334).
174 BVerfGE 58, 369 (374 f.).
175 BVerfGE 9, 20 (28); 11, 283 (293); 12, 264 (273); 30, 250 (270 f.).

bbb) Verstoß gegen das Solidarprinzip

Wie bereits oben[176] näher dargelegt wurde, bewirkt die aktuelle Kostentragungsregelung, dass die Versicherten trotz relational gleicher Beitragsleistung und medizinisch gleicher Bedarfssituation unterschiedliche Versicherungsleistungen erhalten bzw. diese faktisch nicht mehr in Anspruch nehmen können. Dies lässt sich mit dem Solidarprinzip in der gesetzlichen Krankenversicherung nicht vereinbaren.

ccc) Verstoß gegen das Naturalleistungs- bzw. Sachleistungsprinzip

Die Regelung in § 27a Abs. 3 Satz 3 SGB V ist weiterhin nicht mit dem Naturalleistungs- bzw. Sachleistungsprinzip[177] in Einklang zu bringen. Ursprünglich eingeführt, um Behandlungsbedürftige mit niedrigem Einkommen vor einer Ablehnung ärztlicher Behandlung zu schützen, bedeutet dieses Prinzip nicht nur, dass die gesetzlichen Krankenkassen grundsätzlich die Leistung und nicht die Kostenübernahme schulden, sondern stärker verallgemeinert, dass der Anspruchsinhalt nicht vom Einkommen abhängen soll.

Dies ist zwar nicht rechtlich der Fall, da § 27a SGB keine explizite Umstellung auf das System der Kostenübernahme enthält; faktisch führt diese Regelung jedoch dazu, dass einkommensschwache Versicherte Maßnahmen der künstlichen Befruchtung überhaupt nicht mehr in Anspruch werden nehmen können. Durch die Einschränkung des Anspruchs auf eine Übernahme der Kosten in Höhe von 50 Prozent ist die notwendige medizinische Versorgung in diesem Bereich nämlich denjenigen Einkommensgruppen verwehrt, welche die übrigen 50 Prozent nicht aufbringen können. Durchschnittlich kostet eine Behandlung 2.500 Euro, wobei meist mehrere Behandlungen notwendig sind. Mit mindestens 1.250 bis 3.750 Euro Zuzahlung muss also ein ungewollt kinderloses Paar bei bis zu drei Behandlungen rechnen. Danach muss es die Kosten vollständig selbst tragen. Damit haben nur noch Besserverdienende die Chance auf ein Kind durch künstliche Befruchtung.

ddd) Verstoß gegen das Beitrags- bzw. Versicherungsprinzip

Weiterhin verstößt die Regelung in § 27a Abs. 3 Satz 3 SGB V auch gegen das Beitrags- oder Versicherungsprinzip, dessen Bedeutung für das System der Sozialversicherung das Bundesverfassungsgericht wiederholt hervorgehoben hat[178]. Das Versicherungsprinzip ist dadurch gekennzeichnet, dass im Grundsatz eine

176 Vgl. S. 46.
177 Siehe dazu näher *Sodan* (Fn. 9), S. 119 ff.
178 BVerfGE 59, 36 (49 ff.); 63, 152 (171).

Äquivalenz von Beitrag und Leistung besteht. Die Regelung in § 27a Abs. 3 Satz 3 SGB V widerspricht einem am Versicherungsprinzip orientierten Leistungssystem, wonach aus den gezahlten Mitgliedsbeiträgen zugleich ein Recht auf gleichberechtigte Inanspruchnahme von Leistungen der gesetzlichen Krankenversicherung folgt[179]. Das Beitrags- oder Versicherungsprinzip ist zwar vom Bundesverfassungsgericht nicht als alleiniges Strukturelement der Sozialversicherung angesehen worden, sondern es wurde vielfach auch die Bedeutung des Prinzips sozialer Fürsorge betont[180]. Hier geht es aber nicht um ein Ausspielen oder Abwägen des einen Prinzips gegen das andere.

Die Regelung erweist sich insoweit als systemwidrig.

hh) Zur Frage einer Rechtfertigung für den Systembruch

Fraglich ist, ob sich der in mehrfacher Hinsicht bestehende Systembruch durch die Kostenregelung in § 27a Abs. 3 Satz 3 GG mit besonderen Gründen rechtfertigen lässt, die es dem Gesetzgeber gestatten, den einmal eingeschlagenen Weg nicht fortzusetzen.

So formuliert etwa das Bundesverfassungsgericht in einem Beschluss aus dem Jahre 1982: Der »Gedanke der Systemgerechtigkeit, dessen Anliegen es ist, in einem bereits geregelten Lebensbereich die vom Gesetzgeber selbst gewählten Vernünftigkeitskriterien und Wertungen folgerichtig zu konkretisieren, darf nicht zur Verkrustung der Gesellschaftsordnung führen, indem er dem Gesetzgeber – etwa vor schwindenden Mitteln und siechen Haushalten – eine neue Ausrichtung seiner Vernünftigkeitskriterien und eine Neubewertung bislang anders bewerteter Sachverhalte abschnitte.«[181]

Daher ist der Maßstab der Systemkonsequenz ein durchaus zulässiger, er darf nur nicht statisch, sondern relational zu anderen Zielen begriffen und angewandt werden. Aus diesem Grund vertritt auch nur eine Minderheit in der Literatur die Position einer strikten Befolgung der prägenden Ordnungselemente bei Novellierungen[182].

Systembruch oder Systemüberwindung sind dem Gesetzgeber also nicht prinzipiell untersagt. Der Gesetzgeber darf ein von ihm selbst errichtetes und lange Zeit strikt eingehaltenes System teilweise oder vollständig verlassen, wenn die

179 Vgl. BSG SozR 2200 § 165 RVO Nr. 33 zur insoweit überholten Rechtsfigur des »missglückten Arbeitsversuchs«.

180 Siehe etwa BVerfGE 79, 87 (101).

181 BVerfGE 60, 16 (43).

182 Siehe *Josef Isensee*, Sozialversicherungsfreiheit bei geringfügiger Beschäftigung. Sozialpolitischer Sinn und verfassungsrechtliche Bedeutung, ZRP 1982, 137 (141); *Rainer Pitschas*, Verfassungsmäßigkeit der Höhe der Witwenrente und Reform der Hinterbliebenenversorgung, ZRP 1979, 119 (122 f.).

Reformintention das Abgehen von der bisherigen Regelungslinie trägt und rechtfertigt.[183]

Ein späteres Abweichen von der im Gesetz ursprünglich selbst gewählten Sachgesetzlichkeit, die ein bestimmtes Werte- und Vernünftigkeitsraster enthält, soll vor Art. 3 Abs. 1 GG aber nur dann Bestand haben, wenn das Gewicht der für die Abweichung sprechenden Gründe der Intensität des Systembruchs entspricht[184].

Nach der auf das Willkürverbot reduzierten Auffassung zum Gedanken der Systemkonsequenz sind sowohl partielle Abweichungen von einem prinzipiell beibehaltenen Sozialsystem als auch tiefere Einschnitte in soziale Regelungssysteme zulässig, wenn entsprechend wichtige Gründe für ein Abweichen vom bisherigen System zugunsten eines generellen Umbruchs, einer Neuorientierung der Sozialpolitik sprechen.[185] Eine Neuorientierung ist mit dem GKV-Modernisierungsgesetz aus dem Jahre 2003 tatsächlich in Gang gesetzt worden. Eine zunehmende Zahl an Leistungen muss der Patient durch Zuzahlungen finanzieren. Dies soll die Eigenverantwortung der Versicherten stärken. Ein solcher Grund könnte die finanzielle Stabilität der gesetzlichen Krankenversicherung sein, dessen allgemeine Variante auch Vorbehalt des Möglichen genannt wird. Dieser kennzeichnet die faktische Begrenztheit sozialstaatlicher Forderungen.

Der Rechtsprechung des Bundesverfassungsgerichts zum Gesetzgebungsspielraum im Sozialrecht liegt erkennbar das Bestreben zugrunde, jegliche Zementierung des sozialpolitischen Prozesses kraft einengender Grundgesetzinterpretation zu vermeiden, um folgenorientiert dem sozialen Wandel ohne verfassungsrechtlichen Hemmschuh Raum zu schaffen. Es soll eine zu starke Fesselung des Gesetzgebers durch gegensteuerndes, auf Einhaltung bestimmter Leistungen und Gestaltungselemente drängendes Verfassungsrecht vermieden werden, um unter veränderten sozioökonomischen Ausgangsbedingungen dem Parlament nicht die Entscheidungsfreiheit für eine angemessene Reaktion auf neue wirtschafts- und sozialpolitische Herausforderungen zu nehmen. Es wird eine Auslegung vermieden, durch die das Sozialstaatsprinzip als statisches »Besitzstandswahrungsprinzip« missverstanden werden könnte.[186]

Indem der Vorbehalt des Möglichen die finanzielle Stabilität als Gemeinwohlbelang anerkennt, wird der Grundsatz der notwendigen medizinischen Versorgung in Frage gestellt, obwohl der Gesundheitsvorsorge der Bevölkerung ein wohl ebenso hoher Schutzgutcharakter zugeschrieben werden muss. Setzt man das verfassungsrechtlich garantierte Niveau der Gesundheitsvorsorge jedoch auf das Minimalniveau der Existenzsicherung durch einen Kernbereich medizinischer Versorgung, sinkt die medizinische Versorgung auf die Stufe eines untergesetzlichen Prinzips herab, an das der Gesetzgeber auch nicht durch Systemkonsequenz-Prinzipien gebunden sein soll. Das Gemeinwohlprinzip der finanziellen

183 Vgl. BVerfGE 36, 383 (393 f.).

184 Siehe BVerfGE 13, 331 (340); 15, 313 (318); 18, 366 (372); 20, 374 (377); 59, 36 (49).

185 Siehe BVerfGE 13, 331 (341); 15, 313 (318); 59, 36 (49); 72, 330 (408).

186 *Schlenker* (Fn. 1), S. 77, 79.

Stabilität der gesetzlichen Krankenversicherung kehrt dann die grundsätzliche Prioritätensetzung von Gesundheit vor Kosten, wie sie ihren Niederschlag in § 71 SGB V gefunden hat, um. Die finanzielle Stabilität der gesetzlichen Krankenversicherung wird der notwendigen Versorgung übergeordnet, das Prinzip der gesetzlichen Garantie der notwendigen medizinischen Versorgung wird ausgehöhlt. Insofern ist diese Anwendung des Vorbehalts des Möglichen selbst dem Vorwurf der Systeminkonsequenz ausgesetzt.

Die zunehmende Verlagerung von Risiken durch Zuzahlungen in den Bereich der Versicherten hinein ist ferner davon motiviert, die zunehmende Inanspruchnahme von Leistungen nicht durch erhöhte Beiträge zu finanzieren, da dies in der paritätischen Finanzierungsstruktur auch die Arbeitgeber belasten und die standortwettbewerbswichtigen Lohnzusatzkosten abermals erhöhen würde. Die solidarische Finanzierung durch die Versicherten zielt auf Sicherstellung der Gesundheit für alle, der Grundsatz der finanziellen Stabilität der gesetzlichen Krankenversicherung verfolgt hingegen wesentlich arbeitsmarktpolitische Ziele. Wer die Finanzierung der gesetzlichen Krankenversicherung maßgeblich unter arbeitsmarktpolitischen Kriterien beurteilt, wird die Auswirkungen auf das eigentliche Ziel dieser Sozialversicherung, die notwendigen Gesundheitsleistungen sicherzustellen, aus dem Blick verlieren.

Die Grenzen des Vorbehaltes des Möglichen können jedenfalls anhand der Wertungen des Übermaßverbotes ermittelt werden, die in diesem Fall normbereichsspezifisch Abwägungsparameter entfalten und als Optimierungsaufgabe an den Gesetzgeber weitergegeben werden.

Die bloße Orientierung an den üblichen Prüfungsparametern wird der hochkomplexen Eigengesetzlichkeit der Materie nicht gerecht, zumal es sich um einen Fall der Ungleichbehandlung von Personengruppen mit der Beeinträchtigung von Freiheitsrechten handelt.

Mit der Begründung der Finanzierbarkeit des Gesamtssystems sind zudem Leistungsbeschränkungen verfassungsrechtlich jedenfalls dann unbedenklich, solange sie nur geringfügige, auch einkommenschwächeren Bürgern zumutbare Modifikationen am bisherigen Leistungsumfang mit sich bringen.[187]

Davon kann aber im Falle der in § 27a Abs. 3 Satz 3 SGB V geregelten Einschränkung des Anspruchs auf eine Übernahme der Kosten für künstliche Befruchtung in Höhe von nur noch 50 Prozent gerade nicht gesprochen werden. Als Beispiele für die Höhe von Behandlungskosten lassen sich der einschlägigen Rechtsprechung entnehmen: für IVF: 8.706,70 DM[188]; IVF mit ICSI: 10.312,-- DM[189]; IVF: 6.825,-- DM[190]; ICSI, eine Behandlung: 2.274,-- DM[191]; ICSI, eine Behandlung: 2.688,20 DM[192]; IVF mit ICSI, zwei Behandlungszyklen: 8.369,26

187 Vgl. *Schlenker* (Fn. 1), S. 123.
188 BGHZ 99, 228 (229).
189 BGH, NJW 1998, 824.
190 BFH, NJW 1998, 854.
191 LSG Niedersachsen, NZS 2001, 32 (33).
192 LSG Bremen, Urteil vom 23. Februar 2000, Az.: L 2 KR 23/99.

DM[193]. Durchschnittlich kostet eine Behandlung 2.500 Euro, wobei meist mehrere Behandlungen notwendig sind. Mit mindestens 1.250 bis 3.750 Euro Zuzahlung muss also ein ungewollt kinderloses Paar bei bis zu drei Behandlungen rechnen. Danach muss es die Kosten vollständig selbst tragen. Damit haben nur noch Besserverdienende die Chance auf ein Kind durch künstliche Befruchtung.[194] Eine Rechtfertigung des Systembruchs scheidet angesichts dieser Folgen vorliegend aus.

d) *Ergebnis der Prüfung am Maßstab der vom Gesetz selbst statuierten Sachgesetzlichkeit*

Durch die in § 27a Abs. 3 Satz 3 SGB V geregelte Kürzung der Leistungen für Maßnahmen zur künstlichen Befruchtung hat der Gesetzgeber gegen Art. 3 Abs. 1 GG in Verbindung mit dem Sozial- und Rechtsstaatsprinzip in der Ausformung der Systemgerechtigkeit verstoßen.

B. Ausschluss Unverheirateter vom Leistungsanspruch des § 27a SGB V

I. Problemstellung

Maßnahmen der Fortpflanzungsmedizin wie die In-vitro-Fertilisation sind nicht uneingeschränkt zulässig. Die von den Landesärztekammern erlassenen Berufsordnungen für Ärzte (BO) enthalten gleichlautende Richtlinien zur Indikation und Durchführung von künstlichen Befruchtungen (vgl. etwa § 13 BO für Nordrhein-Westfalen in Verbindung mit der »Richtlinie zur Durchführung der assistierten Reproduktion« – nachfolgend abgekürzt: RL). Nach diesen Richtlinien sind In-vitro-Fertilisationen medizinisch und ethisch nur vertretbar, wenn »bestimmte Zulassungs- und Durchführungsbedingungen eingehalten werden« (Nr. 2 RL). Dazu gehört u. a. eine umfassende Aufklärung über die medizinischen Risiken, die psychischen Belastungen und über »die für das Wohl des Kindes bedeutsamen Voraussetzungen« (Nr. 3.2.3. Abs. 1, Nr. 3.4. RL). Grundsätzlich darf außerdem lediglich der Samen des Ehepartners verwendet werden. Bei nicht verheirateten Paaren in stabiler Partnerschaft dürfen Maßnahmen der assistierten Reproduktion nur nach vorheriger Beratung durch die bei der Ärztekammer eingerichtete Kommission durchgeführt werden. Unzulässig sind die Maßnahmen bei alleinstehenden Frauen, in gleichgeschlechtlichen Beziehungen und wenn erkennbar ist, dass die Frau das Kind nach der Geburt dauerhaft anderen überlassen will (Nr. 3.2.3. Abs. 3, 4 RL). Kosten, die einer nicht verheirateten, empfängnisunfähigen Frau für In-vitro-Fertilisationen entstehen, sind nach der Rechtspre-

193 LG Landshut, NJW 2000, 2752 (2753).
194 Vgl. bereits oben S. 46 und 62.

chung des Bundesfinanzhofs nicht als außergewöhnliche Belastung steuermindernd zu berücksichtigen, auch wenn die Frau in einer festen Beziehung lebt und die Ethikkommission der zuständigen Ärztekammer die Maßnahmen genehmigt hat[195]. Darüber hinaus findet gemäß § 27a Abs. 1 Nr. 3 und 4 SGB V nur eine Kostenübernahme durch die gesetzliche Krankenversicherung für verheiratete Partner statt. Dieser Regelung widmet sich die nachfolgende Prüfung.

§ 27a Abs. 1 Nr. 3 und 4 SGB V könnte insoweit verfassungswidrig sein, als medizinische Maßnahmen zur Herbeiführung einer Schwangerschaft (künstliche Befruchtung) nach dem Recht der gesetzlichen Krankenversicherung ausschließlich auf Personen beschränkt sind, die miteinander verheiratet sind (§ 27a Abs. 1 Nr. 3 SGB V)[196], und ausschließlich von Ehegatten Ei- und Samenzellen verwendet werden dürfen (§ 27a Abs. 1 Nr. 4 SGB V).

II. Vereinbarkeit mit einem Grundrecht Unverheirateter auf Fortpflanzung

Während im Hinblick auf die Ehe ein Recht auf Familiengründung bereits weitgehende Anerkennung genießt[197], ist dies für Unverheiratete nicht der Fall. Das Recht auf Nachkommenschaft für Unverheiratete und seine Grenzen sind in Deutschland dogmatisch noch in der Entwicklung. In anderen Rechtsordnungen und vor allem in der Europäischen Konvention zum Schutze der Menschenrechte und Grundfreiheiten (EMRK) ist eine solche Gewährleistung schon verankert.

1. Schutzbereich

In der deutschen Rechtsliteratur wird die Begründung eines solchen Rechts zwar schon lange diskutiert; der Frage wird nun aber angesichts der Fortschritte der Medizin und der Auflösung hergebrachter Lebensgemeinschafts- und Familienmodelle oder Geschlechtskonzepte verstärkte Aufmerksamkeit gewidmet. In Ansätzen hat es bereits Anerkennung und Anwendung in der deutschen Rechtsprechung gefunden. Im Folgenden soll ein Überblick über den bisherigen Stand der Entwicklung dieses noch jungen Grundrechts gegeben werden. Zunächst wird die Entwicklung auf internationaler Ebene dargestellt; dem folgt die Initiative der deutschen Rechtsliteratur, dieses Grundrecht zu formen. Die einschlägigen Äußerungen in der Rechtsprechung schließen sich an. Zuletzt wird zu den dargestell-

195 Siehe BFHE 210, 355 ff.; a. A. FG Berlin, EFG 2004, 199 f., insoweit allerdings nicht entscheidungserheblich; FG Münster, EFG 2005, 1266; *Rüsken* (Fn. 24), S. 1745.

196 Siehe dazu etwa *Korbinian Höfler*, in: Kasseler Kommentar Sozialversicherungsrecht, Bd. 1, § 27a SGB V Rn. 16 (Stand der Kommentierung: September 2006).

197 Siehe BVerfGE 76, 1 (42); *Bodo Pieroth*, in: Hans D. Jarass/Bodo Pieroth, Grundgesetz für die Bundesrepublik Deutschland. Kommentar, 8. Aufl. 2006, Art. 6 Rn. 5.

ten Meinungen zur verfassungsrechtlichen Verankerung des Grundrechts Stellung genommen.

a) Internationale Rechtsprechung

In anderen Rechtsordnungen ist das »Recht auf Nachkommenschaft«, d. h. das Recht Kinder zu bekommen, sei es auf natürliche oder künstliche Weise oder durch Adoption, bereits anerkannt worden.

In Art. 36 Nr. 1 verbürgt die portugiesische Verfassung das Recht zur Gründung einer Familie. Implizit ist das Recht auf Elternschaft (»direito à paternidade e maternidade«) auch in Art. 67 Nr. 2d der portugiesischen Verfassung anerkannt, der den Staat verpflichtet, »mit den erforderlichen Mitteln die Verbreitung der Methoden der Familienplanung zu fördern«[198].

Im Übrigen wurde das Recht auf Elternschaft in der höchstrichterlichen Rechtsprechung verschiedener Staaten anerkannt, u. a. durch den Supreme Court der Vereinigten Staaten von Amerika[199], den Israelischen Supreme Court[200] und das Schweizerische Bundesgericht[201]. Das Schweizerische Bundesgericht leitete ein begrenztes Recht auf künstliche Fortpflanzung aus dem ungeschriebenen Verfassungsrecht der persönlichen Freiheit ab[202]. Der U.S. Supreme Court sah ein solches in dem durch die Due Process Clause des 14. Amendments gewährleisteten Recht auf Privatleben verankert[203]. Auch Art. 12 und Art. 8 Abs. 1 EMRK garantieren das Recht zur Gründung einer Familie.[204]

Das Urteil des österreichischen Verfassungsgerichtshofs vom 14. Oktober 1999[205] bietet eine Anregung zur Interpretation dieser Vorschriften der EMRK. Hierbei ist zu berücksichtigen, dass sich der rechtliche Rang, den die EMRK in Deutschland und Österreich genießt, erheblich unterscheidet. In Österreich hat die EMRK Verfassungsrang, während sie in Deutschland nur als einfaches Bundesgesetz gilt. In Bezug auf die Auslegung des Art. 8 EMRK (Schutz des Privat- und Familienlebens) hat sich der österreichische Verfassungsgerichtshof wie folgt geäußert: »Die Intimsphäre im allgemeinen und das Sexualleben und -verhalten im besonderen (letztgenannte jedenfalls insoweit sie nicht öffentlich in Erscheinung treten) stehen unter dem Schutz von Art. 8 Abs. 1 EMRK. Daher besteht kein Zweifel, daß der von Ehegatten oder Lebensgefährten gefaßte Entschluß, ein Kind haben zu wollen und sich hierzu erforderlicher medizinischer

198 Constitucao da Republica Portuguesa Anotada, 3. Aufl. 1993, Art. 36 B II.

199 Skinner v. Oklahoma, ex. rel. Williamson, 316 U.S. 535, 541, 62 S. Ct. 1110, 1113 (1942).

200 Urteil vom 12. September 1996, F.H.(C) 2401/95, C.A. 5587/93 – »Nahmani«; vgl. dazu *Stephan Sina*, »Recht auf Elternschaft«?, FamRZ 1997, 862 ff.

201 Vgl. Schweizerisches Bundesgericht, EuGRZ 1994, 223 (228).

202 BGE 115 Ia, 234 (246 f.); 118 Ia, 460 (474 f.).

203 In re Baby M. 537 A. 2d 1227 (N.J. 1988).

204 *Jochen Abraham Frowein/Wolfgang Peukert,* Europäische Menschenrechtskonvention (EMRK-Kommentar), 2. Aufl. 1996, Art. 12 Rn. 6.

205 Österreichischer VfGH, MedR 2000, 389 ff.

Unterstützung zu bedienen, dem Schutzbereich des Art. 8 Abs. 1 EMRK unterliegt.« Aus der Entscheidung des österreichischen Verfassungsgerichtshofs ergibt sich, dass auch durch die Vorschrift des Art. 8 Abs. 1 EMRK die Fortpflanzung als Teil des Privatlebens (»Intimsphäre«) geschützt wird.

b) Ansätze der Verankerung im Grundgesetz

aa) Art. 6 Abs. 1 Alt. 1 GG (Ehe)

Die Entscheidung für die Familiengründung innerhalb einer Ehe ist über Art. 6 Abs. 1 Alt. 1 GG als Teil der Freiheit der Eheführung geschützt.[206] Der Wortlaut spricht dagegen, Unverheiratete am Schutz des Art. 6 Abs. 1 Alt. 1 GG teilhaben zu lassen.

Dies könnte nur der Fall sein, wenn sich eine extensive verfassungskonforme Interpretation oder eine Analogie rechtfertigen ließe. Diese Prüfung wird auch vom Sozialgericht Leipzig in einem Vorlagebeschluss vom 28. März 2003 vorgenommen[207].

Für eine verfassungskonforme Auslegung ist Raum, wenn eine interpretationsfähige Norm nach der üblichen Methodik mehrere Auslegungen zulässt, von denen aber nicht alle mit der Verfassung übereinstimmen; solange eine Norm – sinnvoll – verfassungskonform interpretiert werden kann, darf sie nicht für nichtig erklärt werden.[208] Die verfassungskonforme Auslegung stößt allerdings auf Grenzen: Sie scheidet aus, wenn sie dem Wortlaut und klar erkennbaren Willen des Gesetzgebers widerspräche.[209] Der Wortlaut der Nrn. 3 und 4 in § 27a Abs. 1 SGB V (»verheiratet« bzw. »Ehegatten«) gestattet indes keine Erweiterung des begünstigten Personenkreises, so dass eine verfassungskonforme Auslegung hier nicht in Betracht kommt.

Auch für eine Rechtsanalogie bleibt vorliegend kein Raum. Die von der sozialen Wirklichkeit her möglicherweise gebotene Einbeziehung anderer Lebensgemeinschaften in einen bevorzugten staatlichen Schutz durch den Gesetzgeber (vgl. das so genannte Lebenspartnerschaftsgesetz) oder durch die Rechtsprechung[210] ist auf den vorliegenden Fall nicht übertragbar. § 27a Abs. 1 SGB V lässt durch die ausdrückliche Verwendung des Wortes »Ehegatten« in Nr. 4 und »verheiratet« in Nr. 3 eine Erstreckung auf andere Fälle nicht zu. Eine planwidrige Regelungslücke ist nicht erkennbar. Vielmehr ist die gesetzliche Regelung der

206 Vgl. bereits S. 23 f.
207 SG Leipzig, Az.: S 8 KR 87/02; ein Leitsatz ist veröffentlicht in FamRZ 2004, 572.
208 BVerfGE 48, 40 (45); vgl. auch BVerfGE 32, 373 (383 f.); 69, 1 (55); 83, 201 (214 f.); 88, 203 (331).
209 BVerfGE 18, 97 (111); 71, 81 (105); 90, 263 (275); 101, 312 (329).
210 Vgl. etwa § 144 Abs. 1 SGB III zur Arbeitsplatzaufgabe als wichtigem Grund gegen die Verhängung einer Sperrzeit bei Nachzug zum nicht-ehelichen Lebenspartner, sofern die Beziehung »ernsthaft« ist; siehe dazu BSG, NZS 2003, 667 ff.

künstlichen Befruchtung im Recht der gesetzlichen Krankenversicherung ersichtlich auf miteinander verheiratete Personen eingegrenzt. Denn nach der gesetzgeberischen Intention beschränkt Nr. 3 den Leistungsanspruch ausdrücklich auf Ehepaare.

Eine Ausweitung des Begriffs »Ehe« auf uneheliche Gemeinschaften kommt weder im Wege der verfassungskonformen Auslegung noch der Analogie in Frage.

bb) Art. 6 Abs. 1 Alt. 2 GG (Familie)

Möglicherweise könnte man das Recht auf Nachkommenschaft für Unverheiratete in dem Recht auf Schutz und Förderung der Familie aus Art. 6 Abs. 1 Alt. 2 GG verankern.

aaa) Schutzbereich der Familienförderung

Dann müsste auch für unverheiratete Paare der Schutzbereich des Grundrechts eröffnet sein.

In der rechtswissenschaftlichen Diskussion ist die normative Verortung des Rechts auf Familiengründung nicht geklärt. Innerhalb einer Ehe ist – wie bereits dargelegt wurde[211] – die Entscheidung für die Familiengründung über Art. 6 Abs. 1 *Alt. 1* GG als Teil der Freiheit der Eheführung geschützt. Ob gleichzeitig die Entscheidung für die Familiengründung bei Ehepaaren auch über Art. 6 Abs. 1 *Alt. 2* GG geschützt wird, ist den Stellungnahmen in Rechtsprechung und Literatur zum Teil nicht präzise zu entnehmen, da regelmäßig nur auf Art. 6 Abs. 1 GG Bezug genommen wird[212]; weil lange Zeit von der Ehe als Voraussetzung für Familie ausgegangen wurde, bezogen sich die meisten Äußerungen ohnehin nur auf das Recht der Familiengründung in der Ehe. Aufgrund der Entkoppelung von Ehe und Familie wird mittlerweile das Recht zur Familiengründung eigenständig in Art. 6 Abs. 1 Alt. 2 GG und damit auch im Schutzbereich der Familie verankert mit der Konsequenz, dass die Ehe nicht mehr als einzige »Voraussetzung« von Familie angesehen wird[213].

Dass das Recht auf Familiengründung gerade in Art. 6 Abs. 1 Alt. 2 GG zu verorten ist, vertritt ausdrücklich *Peter Badura*: »Das Grundgesetz setzt Ehe und Familie nebeneinander und stellt beide unter den besonderen Schutz des Staates, ohne die Zuordnung der rechtlich geordneten Ehe zu der rechtlichen und natürlichen Lebensgemeinschaft der Familie ausdrücklich zu bestimmen. Auch wenn es

211 Vgl. S. 23 f.

212 Siehe etwa *Dagmar Coester-Waltjen*, in: Ingo von Münch/Philip Kunig (Hrsg.), Grundgesetz-Kommentar, Bd. 1, 5. Aufl. 2000, Art. 6 Rn. 33.

213 *Gröschner* (Fn. 41), Art. 6 Rn. 67 ff.; *Robbers* (Fn. 43); *Jarass* (Fn. 15), Art. 6 Rn. 5.

die Kennzeichnung der Ehe als ›Grundlage des Familienlebens‹ in Art. 119 Abs. 1 WRV schließlich nicht übernommen hat, so hat es sich von der das Familienrecht beherrschenden Vorstellung nicht abgewandt, daß die *Familie* als eine durch Abstammung und Verwandtschaft vermittelte Personenverbindung typischerweise und generationenübergreifend durch die *Ehe von Mann und Frau* entsteht. Auf der anderen Seite wird die sich in der rechtlich geordneten Lebensgemeinschaft von Mann und Frau nicht erschöpfende Familie – wie schon in Art. 119 Abs. 2 WRV – als selbständiger Gegenstand und Tatbestand staatlichen Schutzes und staatlicher Fürsorge behandelt. Damit kann naturgemäß nicht allein die konkrete Ehe oder das Rechtsinstitut der Ehe gemeint sein. Anknüpfungspunkt des Schutzversprechens ist der natürliche und soziale Sachverhalt der *Abstammung* und, in differenzierter Intensität, die *Verwandtschaft*. Die spezielleren Garantien und Rechtszuweisungen des Art. 6 für die den Eltern obliegende Pflege und Erziehung der Kinder, für die Mutter und für die unehelichen Kinder sind offensichtlich nicht auf die in einer Ehe geborenen Kinder beschränkt. Die ‚wertentscheidende Grundsatznorm' des Art. 6 Abs. 1 reicht über die Institutsgarantie der Ehe hinaus.«[214]

Zur Familie im Sinne dieser Vorschrift gehört nach der Rechtsprechung des Bundesverfassungsgerichtes grundsätzlich die »umfassende Gemeinschaft zwischen Eltern und Kindern«[215]. Geschützt wird hiernach das Zusammenleben verschiedener Generationen, d. h. es müssen zumindest eine Person mit Elternfunktion und mindestens ein Kind eine (Lebens-)Gemeinschaft bilden.[216] Schutzobjekt des Art. 6 Abs. 1 GG ist nicht die Generations-Großfamilie, sondern die moderne Kleinfamilie in Form der Eltern-Kind-Familie.

Da Art. 6 Abs. 1 Alt. 2 GG das Eltern-Kind-Verhältnis schützt, sind grundsätzlich eheliche Familien mit genetisch und physiologisch eigenen Kindern ebenso vom Schutzbereich umfasst wie nichteheliche Familien mit ebensolchen eigenen Kindern.[217] So werden neben der vollständigen Kleinfamilie aus Vater, Mutter und Kindern auch andere Formen des Zusammenlebens verschiedener Generationen als Familie anerkannt (z. B. nichteheliche Mütter oder Väter allein mit den Kindern, Eltern mit Adoptiv-, Stief- oder Pflegekindern).[218] Auch Familien, bei denen nur eine rechtliche und/oder soziale Elternschaft vorliegt (etwa bei Adoption, Pflegefamilien), fallen in den Schutzbereich des Art. 6 Abs. 1 Alt. 2 GG.[219]

214 *Peter Badura*, in: Theodor Maunz/Günter Dürig, Grundgesetz. Kommentar, Bd. II, Art. 6 Rn. 23 (Stand der Kommentierung: August 2000).

215 BVerfGE 10, 59 (66).

216 *Sieghart Ott*, Die Begriffe »Ehe und Familie« in Art. 6 I GG, NJW 1998, 117 (118).

217 *Eva Schumann*, Die nichteheliche Familie – Reformvorschläge für das Familienrecht, 1998, S. 194.

218 *Arnulf Schmitt-Kammler*, in: Michael Sachs (Hrsg.), Grundgesetz. Kommentar, 3. Aufl. 2003, Art. 6 Rn. 15 mit umfangreichen Beispielen; siehe ferner *Ingo von Münch*, Verfassungsrecht und nichteheliche Lebensgemeinschaft, in: Götz Landwehr (Hrsg.), Die nichteheliche Lebensgemeinschaft, 1978, S. 137 (141).

219 *Pieroth* (Fn. 197), Art. 6 Rn. 4.

Der Begriff »Eltern« erfasst daher nicht nur verheiratete Eltern mit ehelichen Kindern, sondern alle Formen von Familien, ungeachtet ihres konkreten Aufbaus, ihrer rechtlichen Gestaltung sowie der Art und Weise der Fortpflanzung, aus der die Kinder hervorgegangen sind. Selbst der biologische, aber nicht rechtliche Vater eines Kindes bildet mit diesem eine Familie, die unter dem Schutz des Art. 6 Abs. 1 GG steht, wenn zwischen ihm und dem Kind eine soziale Beziehung existiert, die darauf beruht, dass er zumindest eine Zeit lang tatsächlich Verantwortung für das Kind getragen hat.[220]

Auch unverheiratete Paare mit Kindern können sich dementsprechend ebenso wie verheiratete Paare auf Art. 6 Abs. 1 Alt. 2 GG berufen.[221]

Selbst wenn das Recht auf Familiengründung eigenständig in Art. 6 Abs. 1 Alt. 2 GG verankert sein sollte, ist damit noch nicht die Frage beantwortet, ob auch unverheiratete Paare mit Kinderwunsch oder sogar fortpflanzungswillige Singles in den Schutzbereich dieser Grundrechtsvorschrift fallen.

Anerkannt ist, dass eine dem Schutz des Art. 6 Abs. 1 Alt. 2 GG unterfallende Familie spätestens mit der Geburt eines Kindes vorliegt.[222] Inzwischen hat sich auch die Ansicht durchgesetzt, dass bereits bei einem unverheirateten Paar ab Zeugung und Empfängnis eines Kindes der Schutzbereich der Familie eröffnet ist[223].

Eine nichteheliche Lebensgemeinschaft ohne Kinder erfüllt jedoch nicht die vorgenannten, in Rechtsprechung und Literatur aufgestellten Definitionsmerkmale einer Familie, da es am Zusammenleben verschiedener Generationen im Eltern-Kind-Verhältnis fehlt.[224]

Der bloße Entschluss oder willentliche Handlungen der Eltern zur Fortpflanzung (z. B. einverständlicher Geschlechtsverkehr, Inanspruchnahme eines Arztes zur Zeugung eines Kindes) finden vor der Zeugung des Kindes und damit vor dem anerkannten Zeitpunkt des Entstehens einer durch Art. 6 Abs. 1 Alt. 2 GG geschützten Familie statt. Auf Grund mangelnder (zeitlicher) Schutzbereichseröffnung soll die nichteheliche Lebensgemeinschaft ohne Kinder Stimmen im Schrifttum zufolge nicht vom Schutz der Familie in Art. 6 Abs. 1 Alt. 2 GG umfasst sein. Eine Verankerung des Recht auf die Inanspruchnahme von Methoden der medizinisch assistierten Fortpflanzung für Unverheiratete im Schutzbereich dieser Grundrechtsvorschrift wird ausdrücklich abgelehnt[225]. Allein mit dem Willen, ein Kind zu zeugen, unterfällt ein unverheiratetes Paar nach dieser Ansicht noch nicht dem Schutzbereich des Art. 6 Abs. 1 Alt. 2 GG[226]. Ist eine natürliche Zeugung nicht möglich, so kann sich ein nichteheliches Paar für die Inanspruch-

220 BVerfG, NJW 2003, 2151 (2155).
221 A. A. BSG, NJW 1989, 3038.
222 *Schumann* (Fn. 217).
223 Siehe etwa *Andreas Reich*, Magdeburger Kommentar zum Grundgesetz für die Bundesrepublik Deutschland, 1998, Art. 6 Rn. 1.
224 Vgl. LSG Niedersachsen-Bremen, NZS 2004, 101 (102); LSG Berlin, Urteil vom 24. Juni 2003, Az.: L 9 KR 28/02.
225 *Reich* (Fn. 223).
226 *Schumann* (Fn. 217).

nahme ärztlicher Hilfe nach dieser Argumentation nicht auf den Schutz der Familie berufen.

bbb) Erweiterung des Schutzbereichs des Art. 6 Abs. 1 Alt. 2 GG

Fraglich ist, ob sich begründen lässt, dass auch nichtehelichen Lebenspartnern das Recht auf Familiengründung aus Art. 6 Abs. 1 Alt. 2 GG zusteht. Wäre es möglich, schon die Entscheidung für die Familiengründung und die Durchführung der entsprechenden fortpflanzungsträchtigen Handlungen (künstlicher oder natürlicher Art) in den Schutzbereich mit einzubeziehen, so würde dieser auch unverheiratete Paare mit Kinderwunsch erfassen.

Eine solche extensive Ausdehnung des Schutzbereichs des Art. 6 Abs. 1 Alt. 2 GG schlägt *Susanne Knoop* vor. Sie vertritt die Ansicht, dass es auf Grund der systematischen Stellung des Schutzes der Familie und einer Folgenbewertung sachgerecht sei, unverheiratete Paare am Schutzbereich dieser Grundrechtsvorschrift teilhaben zu lassen. Argumente dafür seien die gleichberechtigte Stellung und das Schutzniveau von Familie und Ehe in Art. 6 Abs. 1 GG. Aus der negativen Eheschließungsfreiheit, die sich als Abwehrrecht gegen Eheschließungsverbote auswirke, sei ebenfalls ein Abwehrrecht gegen Familiengründungsverbote oder Regelungen mit gleicher Wirkung anzuerkennen.[227] Maßgebliches Argument der ausführlichen Untersuchung von *Knoop* ist die Schutzbedürftigkeit. Aus einem Vergleich bestimmter Fallgestaltungen und der vergleichbaren Schutzbedürftigkeit der Betroffenen ergäbe sich, dass auch unverheirateten Paaren ein Anspruch auf die Möglichkeit der Fortpflanzung aus Art. 6 Abs. 1 Alt. 2 GG zuzubilligen sei.

Ginge man davon aus, dass Paaren ohne Kinder das Recht auf Familiengründung aus Art. 6 Abs. 1 GG als Abwehrrecht nicht zukommt, könnte vor dem ersten Kind also eine die Fortpflanzung einschränkende Regelung nicht aus dieser Grundrechtsnorm abgewehrt werden. Damit liefe das so genannte Recht auf Familiengründung jedoch für alle unverheirateten Paare leer. Hätte ein nichteheliches Paar aber bereits eines oder mehrere Kinder, so unterfiele es nach übereinstimmender Ansicht in Rechtsprechung und Literatur dem Schutz der Familie und könnte in Bezug auf weitere Kinder eine die Fortpflanzung einschränkende Regelung infolge dieses Grundrechts abwehren. Schlösse man unverheiratete Paare vor der Geburt des ersten Kindes vom Schutz der Familie aus, so würde derselbe Sachverhalt, nämlich die Initiierung einer außerehelichen Geburt, unterschiedlich behandelt. Aus der Perspektive der entstehenden Kinder und aus der Sicht des

227 *Susanne Knoop*, Recht auf Fortpflanzung und medizinischer Fortschritt, S. 231. Die Dissertation wurde im März 2005 über die KOPS-Datenbank (Konstanzer Online-Publikations-System) veröffentlicht.

Staates läge aber keine unterschiedliche Sachlage vor, da in beiden Fällen bei Geburt des betreffenden Kindes keine Eheschließung zwischen den Eltern besteht.[228] Paare, die auf die Inanspruchnahme ärztlicher Hilfe angewiesen sind, könnten ja gerade kein Kind zeugen oder empfangen. Demzufolge nutzt ein Schutz durch Art. 6 Abs. 1 Alt. 2 GG ab dem Zeitpunkt der Zeugung und Empfängnis eines Kindes nur Paaren, die in der Lage sind, sich ohne ärztliche Hilfe fortzupflanzen. Aus diesen Gründen wäre es bei unverheirateten Paaren für einen effektiven Schutz der Familiengründung, wenn dieser durch Art. 6 Abs. 1 Alt. 2 GG erfolgen soll, notwendig, den Zeitpunkt der Familiengründung auf die Initiierung der zur Fortpflanzung erforderlichen Handlungen (z. B. auch Inanspruchnahme medizinischer Hilfe) vorzuverlegen.

Auch das Sozialgericht Leipzig schließt sich dieser Meinung an. Insbesondere entwickelt es ein interessantes Argument zum Problem des zeitlichen Beginns einer Familie: Ein Verfassungsverständnis greife zu kurz, welches das Grundrecht vorrangig als bloßes Abwehrrecht einer bereits bestehenden Familie auffasse[229]. Der Tod eines Elternteils, nach dem der überlebende Ehegatte mit dem Kind weiterhin zusammenlebt, oder die Scheidung, nach der die Elternteile mit den Kindern in einer familiären Lebensgemeinschaft bleiben, beendeten die Familie nicht. Auch wenn es das Urteil nicht explizit ausführt, ließe sich aus diesem Gedanken des Fortdauerns der Familie nach dem Tod bzw. nach der Scheidung ableiten, dass auch eine Familie vor der Geburt bereits bestehen könnte. Problematisch ist daran allerdings, dass bei Tod oder Scheidung das Zwei-Generationen-Verhältnis bereits vorhanden ist und bleibt, während die Familie in spe doch nur eine »Vor-Familie« ist.

cc) Verankerung in der Menschenwürdegarantie?

Matthias Herdegen ordnet die Verwirklichung eines Kinderwunsches als »zur eigenverantwortlichen Selbstbestimmung unter dem Dach von Art. 1 Abs. 1 GG (und zum Schutz der Familie nach Art. 6 Abs. 1 GG)« gehörend zu. Dies schließe die Freiheit ein, sich der modernen Fortpflanzungsmedizin zu bedienen.[230]

Als juristischer Anknüpfungspunkt für die Untersuchung, ob die Fortpflanzung als Teil des Schutzbereichs von Art. 1 Abs. 1 GG anzusehen ist, bietet sich die Rechtsprechung des Bundesverfassungsgerichts an, welche den »Kernbereich der privaten Lebensführung« der Menschenwürde zuordnet[231].

228 *Knoop* (Fn. 227).

229 SG Leipzig, Vorlagebeschluss vom 28. März 2003, Az.: S 8 KR 87/02; ein Leitsatz ist veröffentlicht in FamRZ 2004, 572.

230 *Matthias Herdegen*, in: Theodor Maunz/Günter Dürig, Grundgesetz. Kommentar, Bd. I, Art. 1 Abs. 1 Rn. 93 (Stand der Kommentierung: Februar 2005).

231 Umfangreiche Nachweise bei *Udo di Fabio*, in: Theodor Maunz/Günter Dürig, Grundgesetz. Kommentar, Bd. I, Art. 2 Abs. 1 Rn. 128 Fn. 1, Rn. 158 (Stand der Kommentierung: Juli 2001).

Zur Beantwortung der Frage, ob vom Rechtsbegriff »Würde des Menschen« auch die Tätigkeit der Fortpflanzung mit umfasst ist, lassen sich im Schrifttum Stellungnahmen heranziehen, welche Sterilisation und Kastration betreffen. Diese weisen insoweit einen Zusammenhang mit der menschlichen Fortpflanzung auf, als hierdurch die körperlichen Voraussetzungen der Fortpflanzung zerstört werden. Die Entscheidung für eine freiwillige Kastration oder Sterilisation, die als endgültige Entscheidung gegen die eigene Fortpflanzung anzusehen ist, wird zu denjenigen Angelegenheiten gezählt, die der höchstpersönlichen Disposition unterliegen und vom Schutzbereich der Würdegarantie umfasst sind[232].

In der bisher wohl gründlichsten Auseinandersetzung mit der Frage, ob auch die künstliche Befruchtung von dem Schutzbereich der Menschenwürde erfasst ist, kommt *Susanne Knoop* zu dem Ergebnis, dass zumindest die künstliche Befruchtung im Gegensatz zur normalen Fortpflanzung nicht mehr den Schutz der Menschenwürde genieße[233]. Diese unterschiedliche Erfassung von natürlicher und künstlich assistierter Fortpflanzung beruhe auf der Tatsache, dass die Intimsphäre zwar durch Art. 1 Abs. 1 GG geschützt wird[234], mit der künstlichen Befruchtung durch die Inanspruchnahme weiterer Personen und Gerätschaften aber ein derart starker Sozialbezug aufgebaut werde, dass zumindest der Intimbereich verlassen werde[235]. Der geschützte Intimbereich umfasse die Sphäre des menschlichen Lebens, die durch weitgehende Abgeschiedenheit von der Beteiligung anderer Personen – mit Ausnahme der Familie – gekennzeichnet sei. Bei Fortpflanzung mittels Geschlechtsverkehrs sei zwar mehr als eine Person beteiligt; innerhalb einer Geschlechtspartnerschaft werde jedoch bei gemeinsamem Geschlechtsverkehr der Intimbereich jeder einzelnen Person nicht verlassen. Die Inanspruchnahme von Methoden der medizinisch assistierten Fortpflanzung führe hingegen durch das Hinzuziehen eines Dritten, des Arztes, und die Verlagerung in technische Gerätschaften dazu, dass das Zeugungsgeschehen aus dem Sexualbereich der Partner einer Geschlechtsgemeinschaft heraustrete. Selbst bei eigener genetischer und physiologischer Fortpflanzung (homologe Fortpflanzung) sei der Schutzbereich des Art. 1 Abs. 1 GG verlassen.[236]

dd) Bestandteil des allgemeinen Persönlichkeitsrechts?

In der deutschen Literatur wird seit 1969 die Anerkennung eines u. a. aus dem allgemeinen Persönlichkeitsrecht[237] abgeleiteten »Rechts auf Bestimmungsfreiheit

232 *Reinhold Zippelius*, in: Rudolf Dolzer/Klaus Vogel/Karin Graßhof (Hrsg.), Bonner Kommentar zum Grundgesetz, Art. 1 Abs. 1 u. 2 Rn. 92 (Stand der Kommentierung: Dezember 1989).

233 *Knoop* (Fn. 227), S. 142.

234 *Zippelius* (Fn. 232), Art. 1 Abs. 1 u. 2 Rn. 79, 90.

235 *Knoop* (Fn. 227), S. 140.

236 *Knoop* (Fn. 227), S. 131 ff.

237 Siehe dazu etwa *Sodan/Ziekow* (Fn. 22), § 27 Rn. 6 ff.

bei der Familienplanung« diskutiert[238]. *Winfried Lankers* führt treffend aus: Der Persönlichkeitsschutz werde unglaubwürdig, wenn zwar die Freiheit, selbst über die Veröffentlichung eines Briefes oder eines Bildes zu bestimmen, als Bestandteil des allgemeinen Persönlichkeitsrechts deliktischen Schutz genieße, nicht dagegen ein mit solch weitreichenden Folgen den Persönlichkeitsbereich gestaltendes Recht, selbst zu entscheiden, ob, wann und wie oft man Leben erzeugt oder empfängt[239].

Unter denjenigen, die ein Grundrecht auf Fortpflanzung in den unterschiedlichsten Bezeichnungen vertreten, hat sich die herrschende Meinung herausgebildet, dass dieses in seiner generellen Form in dem aus Art. 2 Abs. 1 in Verbindung mit Art. 1 Abs. 1 GG hergeleiteten allgemeinen Persönlichkeitsrecht zu verorten und als spezielle Ausformung im Rahmen der Ehe durch den Schutzbereich des Art. 6 Abs. 1 GG erfasst sei.

Als erster Autor eines großen Kommentars forderte *Günter Dürig* bereits im Jahre 1958[240] ein Grundrecht auf Weitergabe von Leben als »grundrechtssystematisches Bindeglied zwischen dem Grundrecht ›auf Leben‹ und dem Grundrecht ›auf körperliche Unversehrtheit‹«, bei dem es sich um »das natürliche Recht des Menschen, neues Menschenleben in die Welt zu bringen«, handeln soll. In der zu diesem Text gehörenden Fußnote führte *Dürig* weiter aus: »Diese Vorschrift [Art. 2 Abs. 2 Satz 1 GG] hilft nur gegen staatlicherseits vorgenommene oder als rechtmäßig hingenommene Unfruchtbarmachungen, die durch *körperlichen* Eingriff erfolgen. Soweit *Heiratsverbote* erlassen werden, die die Fortpflanzung in die Illegalität zwingen (so geschehen bei den ›Ostarbeitern‹), hilft das Recht zur Ehe gem. Art. 6 I. Wären ›Geburtenverhinderungen‹ sonst nicht unter benannte Grundrechte unterzubringen, müßte stets auf das Auffangrecht des Art. 2 I zurückgegriffen werden.«[241] Auf diese knappe Feststellung von *Dürig* ließen sich nahezu alle anderen Quellen zurückführen, welche die Fortpflanzung dem Schutzbereich des allgemeinen Persönlichkeitsrechts zuweisen.[242]

238 Siehe insbes. *Andreas Heldrich*, Schadensersatz bei fehlgeschlagener Familienplanung – LG Itzehoe, FamRZ 1969, 90 –, JuS 1969, 455 (460 f.); *Winfried Lankers*, Zur Abwälzung von Unterhaltskosten, FamRZ 1969, 384 (385); *Christian Starck*, Die künstliche Befruchtung beim Menschen – Zulässigkeit und zivilrechtliche Folgen. 1. Teilgutachten: Verfassungsrechtliche Probleme. Gutachten A für den 56. Deutschen Juristentag, in: Verhandlungen des 56. Deutschen Juristentages Berlin 1986, Bd. I (Gutachten), 1986, A 7 (A 28); *Dagmar Coester-Waltjen*, Die künstliche Befruchtung beim Menschen – Zulässigkeit und zivilrechtliche Folgen. 2. Teilgutachten: Zivilrechtliche Probleme. Gutachten B für den 56. Deutschen Juristentag, in: Verhandlungen des 56. Deutschen Juristentages Berlin 1986, Bd. I (Gutachten), 1986, B 9 (B 52 Fn. 77); *Thilo Ramm*, Die Fortpflanzung – ein Freiheitsrecht?, JZ 1989, 861 ff.

239 *Lankers* (Fn. 238).

240 *Günter Dürig*, in: Theodor Maunz/Günter Dürig, Grundgesetz. Kommentar, Bd. I, Art. 2 Abs. 2 Rn. 31; nach einem Wechsel des Bearbeiters ist diese Kommentierung nicht mehr in der Loseblattsammlung enthalten.

241 *Dürig* (Fn. 240), Art. 2 Abs. 2 Fn. 1 zu Rn. 31.

242 Vgl. *Knoop* (Fn. 227), S. 143, 243, 251.

Dagmar Coester-Waltjen bezieht zu der Frage eines Grundrechtsschutzes der Fortpflanzung wie folgt Stellung: »Die Frage der Fortpflanzung, die Entscheidung zur Zeugung eines Kindes, fällt in den höchstpersönlichen Bereich, der auch bezüglich der Art und Weise der Zeugung frei von staatlicher Regulierung sein sollte, wenn man nicht sogar aus Art. 1, 2 GG einen Anspruch auf Abstinenz des Staates in diesen Fragen herleiten will.«[243]

Zum Recht, über die Entstehung eigener genetischer Nachkommen zu entscheiden, formuliert *Christian Starck*: »Die Verfügung über die eigenen Keimzellen, insbesondere die Entscheidung darüber, ob und wann sie für Zeugungszwecke verwendet werden sollen, gehört zum Kern der Persönlichkeit des Menschen, der vom Schutz der Menschenwürde erfaßt wird.«[244] *Starck* vertritt weiter die Ansicht, dass »Menschen, die sich ein Kind wünschen und zu diesem Zweck den Weg der künstlichen Befruchtung oder der In-vitro-Befruchtung, eventuell mit Eispende gehen wollen, und Frauen, die sich als Trage- oder Ersatzmütter zur Verfügung stellen wollen, [...] das Recht auf freie Entfaltung ihrer Persönlichkeit (Art. 2 Abs. 1 GG) in Anspruch nehmen [können].«[245]

Ingo Richter vertritt die Ansicht, der Schutz der nichtehelichen Lebensgemeinschaft sei vorrangig aus Art. 2 Abs. 1 GG zu entwickeln (sog. »Zeugungs-, Empfängnis- und Gebärfreiheit«). Er führt hierzu aus, Art. 2 Abs. 1 GG gewähre nicht nur das Grundrecht auf die Begründung einer nichtehelichen Lebensgemeinschaft[246], sondern verpflichte den Staat auch zum Schutz dieses Grundrechts[247]. Daraus zieht *Richter* die Konsequenz, dass Regelungen, die dieses Grundrecht beschränken, indem sie Zeugung und Empfängnis von Alter, Rasse, Familien- oder Berufsstand abhängig machen, schlechterdings verfassungswidrig wären[248]. In Anlehnung an die Ausführungen von *Richter* könnte als Minus zur Schutzverpflichtung auch eine Verpflichtung angenommen werden, sich eines Eingriffs durch finanzielle Benachteiligung in Bezug auf die Fortpflanzung zu enthalten.

Auch *Adalbert Podlech* erkennt ein Recht der Frau auf »Verwirklichung ihrer *Selbstentfaltung als Mutter* trotz biologisch bedingter Unfähigkeit zur natürli-

243 *Coester-Waltjen* (Fn. 238), B 47.

244 *Starck* (Fn. 238).

245 *Starck* (Fn. 238).

246 Siehe dazu BVerfGE 82, 6 (16 f.).

247 *Ingo Richter* in: Erhard Denninger/Wolfgang Hoffmann-Riem/Hans-Peter Schneider/Ekkehart Stein (Hrsg.), Kommentar zum Grundgesetz für die Bundesrepublik Deutschland (Reihe Alternativkommentare), 3. Aufl., Art. 6 Rn. 36a (Stand der Kommentierung: Oktober 2001).

248 *Ingo Richter*, Von der Freiheit, Kinder zu haben – Verfassungsfragen der gesellschaftlichen Reproduktion, in: Bernhard Nauck/Corinna Onnen-Isemann (Hrsg.), Familie im Brennpunkt von Wissenschaft und Forschung, 1995, S. 40 ff.

chen Empfängnis oder Schwangerschaft« an[249] und verankert dieses Recht im allgemeinen Persönlichkeitsrecht.

Bodo Pieroth erkennt ein Recht auf eigene Nachkommenschaft als zum Schutzbereich des allgemeinen Persönlichkeitsrechts gehörend an. Das Recht, zu entscheiden, ob, wann und wie viele Kinder ein Paar haben möchte, verortet er in Art. 6 Abs. 1 GG[250]. Eine solche »Patch-Work-Variante« des Grundrechts auf Fortpflanzung hat auch *Susanne Knoop* entwickelt, die das Recht auf assistierte Fortpflanzung maßgeblich aus dem Grundrecht auf freie Entfaltung der Persönlichkeit herleitet[251].

c) *Entwicklung des Rechts auf Nachkommenschaft in der deutschen Rechtsprechung*

Entscheidungen des Bundesverfassungsgerichts oder oberster Gerichte des Bundes auf der fachgerichtlichen Ebene, die sich mit einem möglichen Recht auf Fortpflanzung (positive Fortpflanzungsentscheidung) in Bezug auf die Inanspruchnahme von Methoden der medizinisch assistierten Fortpflanzung auseinandersetzen, existieren – soweit ersichtlich – nicht. Aus den bisherigen Entscheidungen können nur mittelbar bestimmte Schutzaspekte abgeleitet werden. Im Folgenden sollen kurz die wichtigsten Entscheidungen und ihre Aussagen zum Thema skizziert werden.

aa) *Urteile des Bundesverfassungsgerichts zum Schwangerschaftsabbruch*

Das Bundesverfassungsgericht hat in seiner Rechtsprechung zum Schwangerschaftsabbruch das Grundrecht, frei über die eigene Fortpflanzung zu entscheiden, in seiner negativen Funktion anerkannt[252].

In dem ersten Urteil des Bundesverfassungsgerichts vom 25. Februar 1975 heißt es zu den betroffenen Grundrechten der schwangeren, abtreibungswilligen Frau: »Die Schwangerschaft gehört zur Intimsphäre der Frau, deren Schutz durch Art. 2 Abs. 1 in Verbindung mit Art. 1 Abs. 1 GG verfassungsrechtlich verbürgt ist. [...] Das Recht der Frau auf freie Entfaltung ihrer Persönlichkeit, welches die Handlungsfreiheit im umfassenden Sinn zum Inhalt hat und damit auch die Selbstverantwortung der Frau umfaßt, sich gegen eine Elternschaft und die daraus folgenden Pflichten zu entscheiden, kann zwar ebenfalls Anerkennung und

249 *Adalbert Podlech*, in: Erhard Denninger/Wolfgang Hoffmann-Riem/Hans-Peter Schneider/Ekkehart Stein (Hrsg.), Kommentar zum Grundgesetz für die Bundesrepublik Deutschland (Reihe Alternativkommentare), 3. Aufl., Art. 1 Abs. 1 Rn. 52 (Stand der Kommentierung: Oktober 2001).
250 *Pieroth* (Fn. 197), Art. 6 Rn. 3 und 5.
251 *Knoop* (Fn. 227), S. 124 ff., 131 ff.
252 BVerfGE 39, 1 (43 f.); 88, 203 (254 f.).

Schutz beanspruchen. Dieses Recht ist aber nicht uneingeschränkt gewährt – die Rechte anderer, die verfassungsmäßige Ordnung, das Sittengesetz begrenzen es. Von vornherein kann es niemals die Befugnis umfassen, in die geschützte Rechtssphäre eines anderen ohne rechtfertigenden Grund einzugreifen oder sie gar mit dem Leben selbst zu zerstören, am wenigsten dann, wenn nach der Natur der Sache eine besondere Verantwortung gerade für dieses Leben besteht.«[253]

In dieser Entscheidung ordnet das Bundesverfassungsgericht also die Schwangerschaft der durch das allgemeine Persönlichkeitsrecht garantierten Intimsphäre der Frau zu. Daher muss in konsequenter Fortbildung auch schon die Entscheidung, schwanger werden zu wollen, in den Schutzbereich desselben Grundrechts gehören.

Das zweite Urteil des Bundesverfassungsgerichts zum Schwangerschaftsabbruch vom 28. Mai 1993 nennt neben dem allgemeinen Persönlichkeitsrecht auch die Menschenwürde der Frau als bei einer Entscheidung über die Fortpflanzung betroffenes Rechtsgut: »Als vom Lebensrecht des Ungeborenen berührte Rechtsgüter kommen dabei – ausgehend vom Anspruch der schwangeren Frau auf Schutz und Achtung *ihrer* Menschenwürde (Art. 1 Abs. 1 GG) – vor allem ihr Recht auf Leben und körperliche Unversehrtheit (Art. 2 Abs. 2 GG) sowie ihr Persönlichkeitsrecht (Art. 2 Abs. 1 GG) in Betracht. [...] Grundrechte der Frau [...] tragen nicht so weit, daß die Rechtspflicht zum Austragen eines Kindes von Grundrechts wegen – auch nur für eine bestimmte Zeit – generell aufgehoben wäre.«[254]

bb) Rechtsprechung des Bundesgerichtshofs zur freiwilligen Sterilisation

Der Bundesgerichtshof bejahte die Frage, ob eine freiwillige und nach umfassender Aufklärung der Betroffenen stattfindende Sterilisation nicht rechtswidrig ist, in einem Urteil vom 29. Juni 1976 mit ausführlicher Begründung[255]. Danach ist eine Einwilligung in ärztliche Eingriffe vom Grundrecht der Persönlichkeit und ihrer Entfaltung in Selbstbestimmung und Freiheit (Art. 1, 2 Abs. 1 GG) geschützt. Ein Recht des Einzelnen, über seine Fortpflanzungsfähigkeit endgültig zu verfügen, wird vom Bundesgerichtshof ausdrücklich anerkannt und mit dem grundrechtlich geschützten allgemeinen Persönlichkeitsrecht begründet. Insoweit heißt es in den Entscheidungsgründen: »Nach den herrschenden Moralvorstellungen ist weder Empfängnisverhütung als solche noch ärztliche Mithilfe dazu verwerflich. Im Gegenteil wird die freie Entscheidung für oder gegen eine Elternschaft als Möglichkeit zu einer humaneren Lebensführung verstanden. Das entspricht der Wertordnung unserer Verfassung, die der Einzelpersönlichkeit für diesen innersten Bereich der Lebensverwirklichung einen Freiheitsraum gewährt,

253 BVerfGE 39, 1 (42 f.).
254 BVerfGE 88, 203 (254 f.). Das Recht auf Leben und körperliche Unversehrtheit ist hier benannt wegen der Konfliktsituation mit dem Ungeborenen.
255 BGHZ 67, 48 ff.; vgl. ferner BGH, NJW 1995, 2407 (2409).

zu dem die Gemeinschaft keinen Zugang hat, sei es auch nur in der Form der moralischen Kritik.«[256] Hier wird explizit die »freie Entscheidung für eine Elternschaft« dem »innersten Bereich der Lebensverwirklichung«, also der Intimsphäre im Sinne des Rechts auf freie Entfaltung der Persönlichkeit zugeordnet. Der Bundesgerichtshof stellt weiterhin ausdrücklich fest, dass gegenüber der auf dem Selbstbestimmungsrecht beruhenden freien Entscheidung eines Ehepartners für eine Sterilisation etwa entgegenstehende Wünsche und Interessen des anderen Ehegatten zurückstehen müssen[257].

cc) Entscheidungen zur unerwünschten Geburt eines Kindes

Im Zusammenhang mit der menschlichen Fortpflanzung sind auch einige wichtige Entscheidungen des Bundesgerichtshofs und des Bundesverfassungsgerichts ergangen, die sich mit der Frage befassen, ob die ungeplante Geburt eines Kindes einen Schaden darstellen kann. Nach Ansicht des Bundesgerichtshofs ist eine Verletzung der Würde des unerwünscht geborenen Kindes nicht gegeben, wenn sein Unterhalt als Schaden betrachtet wird. Nicht die Existenz des Kindes soll durch die Rechtsprechung des Bundesgerichtshofs als Schaden qualifiziert werden; eine solche Einschätzung wäre auch nach Ansicht des Bundesgerichtshofs in Bezug auf die Würde des Kindes aus Art. 1 Abs. 1 GG bedenklich. Vielmehr soll der Schaden in dem durch die Geburt des Kindes ausgelösten planwidrigen Unterhaltsaufwand liegen. Die Kompensation dieses Unterhaltsaufwandes stelle den Wert der Persönlichkeit des Kindes nicht in Frage.[258] Diese Rechtsprechung des Bundesgerichtshofs wurde durch Beschluss des Ersten Senats des Bundesverfassungsgerichts vom 12. November 1997 bestätigt[259]. Das Bundesverfassungsgericht stellte in diesem Beschluss ausdrücklich fest, dass die ärztliche Hilfe bei der Familienplanung durch Sterilisation oder die Beratung über genetisch bedingte Risiken vor der Zeugung eines Kindes nicht Art. 1 Abs. 1 GG berührten[260]. In dieser Entscheidung vermied das Bundesverfassungsgericht es jedoch, sich grundsätzlich zur Rechtsnatur der Fortpflanzung unter Berücksichtigung von Grundrechtsaspekten zu äußern.

256 BGHZ 67, 48 (51).
257 BGHZ 67, 48 (54).
258 BGHZ 124, 128 (135 ff.).
259 BVerfGE 96, 375 ff. Anders jedoch der Zweite Senat des BVerfG in seinem Urteil vom 28. Mai 1993 (BVerfGE 88, 203 [296]): »Die Verpflichtung aller staatlichen Gewalt, jeden Menschen in seinem Dasein um seiner selbst willen zu achten [...], verbietet es, die Unterhaltspflicht für ein Kind als Schaden zu begreifen.«
260 BVerfGE 96, 375 (402); siehe ferner BGHZ 124, 128 (137).

dd) *Rechtsprechung des Bundesfinanzhofs zur steuerlichen Absetzbarkeit von Behandlungskosten*

Der Bundesfinanzhof hat 2005 seine Rechtsprechung aus dem Jahre 1997[261], dass das Recht, Nachkommen zu gebären, zum Kernbereich des Grundrechts der freien Entfaltung der Persönlichkeit gehöre, fortgesetzt[262]. In der ersten Urteilsbegründung[263] legte er sich nicht in der möglichen Reichweite des Schutzbereichs eines solchen Grundrechts fest, sondern begnügte sich mit dem Verweis u. a. auf ein Urteil des Schweizerischen Bundesgerichts vom 22. Dezember 1993[264]. Nunmehr wies er ausdrücklich darauf hin, dass diese Gewährleistung das Recht einschließe, ärztliche Maßnahmen zur Herbeiführung einer Schwangerschaft vornehmen zu lassen, soweit diese rechtlich erlaubt sind[265]. Während der Bundesfinanzhof im ersten Urteil noch davon sprach, dass dieses Recht herkömmlich in erster Linie im Rahmen der Ehe verwirklicht werde, die durch Art. 6 Abs. 1 GG dem besonderen Schutz der staatlichen Ordnung unterstellt ist[266], erkannte er das Recht nun verheirateten wie unverheirateten Frauen zu[267].

Das erste Urteil des Bundesfinanzhofs zu dieser Frage stellte im Ergebnis nur fest, dass die Kosten einer homologen künstlichen Befruchtung als außergewöhnliche Belastung steuerlich absetzbar sein können[268]. Im Fall der heterologen Insemination lehnt der Bundesfinanzhof dies nun ab[269]. Hier erfolgt zwar eine Einbeziehung der Inanspruchnahme von Methoden der medizinisch assistierten Fortpflanzung in den Persönlichkeitsschutz; es werden aber zugleich die Schutzpflicht und das Fördergebot der Ehe als ausreichend empfunden, um die Ungleichbehandlung Verheirateter und Unverheirateter zu rechtfertigen[270].

ee) *Auswertung der Entscheidungen deutscher Gerichte*

In den dargestellten Entscheidungen ist die Tendenz zu erkennen, die normale Fortpflanzung in erster Linie dem Schutzbereich des allgemeinen Persönlichkeitsrechts zuzuordnen. Die Entscheidungen stützen sich auf die Annahme, dass die Fortpflanzung eines Individuums mit eigenen Genen und/oder eigenen physiologischen Möglichkeiten durch Art. 2 Abs. 1 in Verbindung mit Art. 1 Abs. 1 GG

261 BFHE 183, 476 (479).
262 BFHE 210, 355 (363).
263 Siehe BFHE 183, 476 (479).
264 Schweizerisches Bundesgericht, EuGRZ 1994, 223 (228).
265 BFHE 210, 355 (363).
266 BFHE 183, 476 (479).
267 BFHE 210, 355 (363).
268 BFHE 183, 476 (478).
269 BFHE 210, 355 (357 ff.).
270 BFHE 210, 355 (361 ff.).

geschützt wird. Eine vertiefte Herleitung dieser Zuordnung ist den Entscheidungen mangels direkter Stellungnahmen nicht zu entnehmen.

d) Zwischenergebnis

Nach allem ist eindeutig die Position vorherrschend, die Freiheit zur assistierten Fortpflanzung Unverheirateter in den Schutzbereich von Art. 2 Abs. 1 in Verbindung mit Art. 1 Abs. 1 GG einzubeziehen.

e) Stellungnahme

Für eine zumindest vorrangige Verankerung der Freiheit zur assistierten Fortpflanzung in Art. 6 Abs. 1 Alt. 2 GG spricht dessen soziale Komponente, die auf den Schutz einer zwischenmenschlichen Gemeinschaft abzielt und das zwischenmenschliche Zusammenleben in einer Familie, das als menschliches Grundbedürfnis angesehen wird, schützt. Art. 2 Abs. 1 in Verbindung mit Art. 1 Abs. 1 GG gewährleistet eher die Freiheit des vereinzelten Individuums. Zwei Menschen, die sich dazu entscheiden, miteinander Kinder zu bekommen, treffen, ähnlich wie bei der Entscheidung für eine Eheschließung, eine hochwertige Entscheidung der persönlichen Lebensplanung. Diese ist auch darauf gerichtet, die bestehende Geschlechtsgemeinschaft aufrecht zu erhalten und als Familie zusammen mit Kindern zu leben. Dabei ist ein Partner oder eine Partnerin, mit der zusammen die jeweils gegengeschlechtliche Person sich fortpflanzen möchte, auch in einer nichtehelichen Gemeinschaft nicht beliebig austauschbar. Es ist vielmehr als ausgesprochen schwierig anzusehen, eine Person zu finden, mit der ein ausreichender Grad an Übereinstimmung besteht, um zusammen die Entscheidung für Kinder zu treffen. Auch die auf die gemeinsame Zukunft mit Kindern hinstrebende *Geschlechtsgemeinschaft* verdient daher den vollen Schutz des Art. 6 Abs. 1 Alt. 2 GG, da sie eine dem Interesse des Staates an seiner Erhaltung dienende Familie gründen will. Dabei kann gerade der Umstand einer bestehenden stabilen Geschlechtsgemeinschaft als wichtiges Kriterium angesehen werden, denn Fortpflanzung und geschlechtliche Gemeinschaft von Mann und Frau bilden eine untrennbare psychologische Einheit, auch wenn der konkret zur Entstehung eines Kindes führende Akt mit ärztlicher Hilfe durchgeführt wird.[271]

Ein derartig partnerschaftsorientiertes Verständnis ist bereits der Rechtsprechung des Bundesgerichtshofs zu entnehmen. Bei Vereinbarungen zur Verhinderung von Kindern, die unter den Partnern einer Geschlechtsgemeinschaft getroffen werden, erkennt der Bundesgerichtshof an, dass die Entscheidung eines Partners, sich fortpflanzen zu wollen, gegenüber dem anderen Partner, der sich nicht fortpflanzen will, geschützt ist. Zivilrechtlich wird dies damit begründet, dass

271 *Knoop* (Fn. 227), S. 232.

beim einverständlichen Geschlechtsverkehr immer auch das Einverständnis mit einer möglichen Empfängnis anzunehmen ist. Vereinbarungen der Sexualpartner, die z. B. Verpflichtungen zur Anwendung empfängnisverhütender Mittel enthalten, werden in der zivilgerichtlichen Judikatur als sittenwidrig und daher als unwirksam eingestuft[272]. Innerhalb einer Geschlechtsgemeinschaft wird daher ein vom einverständlichen Geschlechtsverkehr unabhängiges, eigenständiges Recht eines Partners auf Entscheidung über die Fortpflanzung von der Rechtsprechung nicht anerkannt. Die Partner können nur gemeinsam wirksam darüber entscheiden, ob sie zu einverständlichem Geschlechtsverkehr und den allfälligen Folgen bereit sind. Auch dies spricht für die Einschlägigkeit des Art. 6 Abs. 1 GG infolge der sozialen und weniger individuellen Funktion dieses Grundrechts.

Da der Schutzbereich der Familie in erster Linie auf die soziale Elternschaft (Pflege und Erziehung) abstellt, wären nicht nur Personen geschützt, die genetische oder physiologische Eltern eines Kindes sind, sondern alle Personen, die eine soziale Elternfunktion ausüben, z. B. auch Pflegeeltern und Adoptiveltern.

Das Recht auf Fortpflanzung ist also auf Grund der sozialen Funktion der Familie und der Intersubjektivität dieses Grundrechtes vorrangig in Art. 6 Abs. 1 Alt. 2 GG zu verorten. Ergänzend dazu gewährt auch das allgemeine Persönlichkeitsrecht Schutz.

2. *Eingriff*

Bereits oben[273] wurde dargelegt, dass § 27a Abs. 3 Satz 3 in Verbindung mit Abs. 1 Nr. 3 SGB V in den Schutzbereich des Art. 6 Abs. 1 GG eingreift, indem er bestimmt, dass die Krankenkasse lediglich 50 Prozent der mit dem Behandlungsplan genehmigten Kosten der Maßnahmen für künstliche Befruchtung zugunsten von *verheirateten* Personen übernimmt. Ein solcher Eingriff in das vorstehend hergeleitete Grundrecht auf Fortpflanzung liegt erst recht dadurch vor, dass § 27a Abs. 1 Nr. 3 und 4 SGB V *Unverheiratete* von jeglicher Kostenerstattung ausschließt. Die Möglichkeit der Familiengründung wird hier noch stärker zu Lasten derjenigen unverheirateten Paare eingeschränkt, die aus medizinischen Gründen auf eine künstliche Befruchtung angewiesen sind und nicht über die nötigen finanziellen Mittel verfügen, um diesen Wunsch in die Tat umzusetzen.

Dass die Kostenfrage eine erhebliche Rolle bei der Entscheidung der Wunscheltern spielt, in welchem Umfang sie Behandlungen in Anspruch nehmen wollen, zeigt eine Untersuchung, in der die fiktive Frage gestellt wurde, wie viele Behandlungen die Patientinnen und Patienten durchführen lassen würden, wenn sie diese vollständig selbst bezahlen müssten. Hierauf erklärten 8 Prozent der Befragten, sie würden ganz auf Behandlung verzichten, 17 Prozent entschieden sich für die Inanspruchnahme eines Zyklus, 17 Prozent für zwei Zyklen, 18 Prozent

272 Siehe etwa OLG Stuttgart, FamRZ 1987, 700 (701).
273 Vgl. S. 24 f.

für drei Zyklen, 25 Prozent für vier oder mehr Zyklen, und 14 Prozent waren unentschlossen.[274]

3. Verfassungsrechtliche Rechtfertigung

Staatliche Eingriffe in das Grundrecht Unverheirateter auf Fortpflanzung bedürfen jedenfalls einer formellen gesetzlichen Grundlage. Diese Voraussetzung für eine Grundrechtseinschränkung wird durch § 27a Abs. 1 Nr. 3 und 4 SGB V erfüllt. Fraglich ist jedoch, ob der Gesetzgeber auch die materiellen Grenzen, die ihm durch die Verfassung für Grundrechtseingriffe gezogen sind, hier gewahrt hat.

a) Maßstab der Prüfung

Je nachdem, ob man das Recht auf Fortpflanzung bzw. Familiengründung in Art. 6 Abs. 1 und/oder in Art. 2 Abs. 1 in Verbindung mit Art. 1 Abs. 1 GG verortet, ergeben sich andere Maßstäbe in der Prüfung der verfassungsrechtlichen Rechtfertigung.

aa) Maßstab nach Art. 6 Abs. 1 GG

Die Gewährleistung in Art. 6 Abs. 1 GG ist keinem Gesetzesvorbehalt unterworfen. Sie findet Beschränkungen nur in anderen Gütern mit Verfassungsrang.[275] Das Recht auf Schutz und Förderung der Ehe und Familie durch die Gemeinschaft steht unter dem Vorbehalt, was der Einzelne von der Gemeinschaft vernünftigerweise fordern kann.[276]

bb) Maßstab nach dem allgemeinen Persönlichkeitsrecht

Für das allgemeine Persönlichkeitsrecht hat das Bundesverfassungsgericht als besonderen Verhältnismäßigkeitsmaßstab die so genannte *Sphärentheorie* entwickelt. Danach ist die *Intimsphäre* »als letzter unantastbarer Bereich menschlicher Freiheit«[277] dem Zugriff staatlicher Gewalt völlig entzogen; eine Abwägung nach

274 *Dieter Krebs/Hans van der Ven* (Hrsg.), Aktuelle Reproduktionsmedizin – Gegenwart und Zukunft der IVF und ICSI, 1999, S. 100.
275 Vgl. bereits S. 25 f.
276 BVerfGE 75, 40 (68); 90, 107 (116).
277 Siehe zu dieser Formulierung BVerfGE 6, 32 (41).

dem Verhältnismäßigkeitsprinzip findet hier nicht statt.[278] In die *Privatsphäre*, d. h. in den Bereich privater, der Öffentlichkeit entzogener Lebensgestaltung, darf nur unter strenger Wahrung des Verhältnismäßigkeitsprinzips zugunsten überwiegender Allgemeininteressen eingegriffen werden.[279] Die »verstärkten Rechtfertigungsanforderungen« tragen der Schutzverstärkung des allgemeinen Persönlichkeitsrechts durch Art. 1 Abs. 1 GG Rechnung.[280] Eingriffe in die *Öffentlichkeits- bzw. Sozialsphäre*, in der sich das Individuum bewusst in der Öffentlichkeit bewegt, können aber nach den allgemeinen Kriterien wie Eingriffe in die allgemeine Handlungsfreiheit gerechtfertigt sein.[281]

Das Recht auf Nachkommenschaft lässt sich einem Lebensbereich zuordnen, der zum innersten Kern der freien Entfaltung der Persönlichkeit gehört. So bezeichnet z. B. der Bundesfinanzhof Sterilität als eine »tatsächliche Zwangslage«[282]. Der Kinderwunsch ist aufs Engste mit dem Sexualbereich verbunden, d. h. auch Teil der Entfaltung der sexuellen Selbstbestimmung. Vor allem aber gilt es zu berücksichtigen, dass das Glück, Leben zu geben, die Hingabe seiner selbst an sein Kind für den Einzelnen nicht nur eine besondere Herausforderung, sondern eine neue Dimension der Persönlichkeitsentfaltung darstellt; auf diese Weise kann ein Teil seiner selbst, können die eigenen Wertvorstellungen über den Tod hinaus in der Welt erhalten werden. Ein Kind zu empfangen, es auszutragen und zu erziehen, kann auf diese Weise als ein essentieller Teil der überzeitlichen Persönlichkeitsentfaltung verstanden werden.

Zur Intim- und Privatsphäre rechnet das Bundesverfassungsgericht ausdrücklich auch den familiären Bereich und die persönlichen einschließlich der geschlechtlichen Beziehungen zu einem Partner[283]. Dementsprechend ist anerkannt, dass der Sexualbereich eines Menschen zu seiner Privatsphäre, in der Regel auch zur unantastbaren Intimsphäre gehört[284]. Menschliches Verhalten mit sexueller Zielrichtung genießt über Art. 2 Abs. 1 in Verbindung mit Art. 1 Abs. 1 GG einen besonderen Autonomieschutz.

Dies mag zwar für die *natürliche* Fortpflanzung gelten; es ist jedoch davon auszugehen, dass die *künstlich assistierte* Fortpflanzung dem Bereich der Intimsphäre nicht mehr angehört. Der unantastbare Bereich der privaten Lebensführung wird nämlich bei Inanspruchnahme von Methoden der medizinisch assistierten Fortpflanzung, bei denen das Zeugungsgeschehen aus dem intimen Sexualbereich der Partner einer Geschlechtsgemeinschaft heraustritt, verlassen.

Da die Intimsphäre in diesem Fall nicht betroffen ist, kommen die Privat- oder Geheimsphäre sowie die Öffentlichkeitssphäre in Betracht.

278 Vgl. BVerfGE 27, 1 (6); 32, 373 (378 f.); 34, 238 (245); 80, 367 (373); BerlVerfGH, NJW 2004, 593.
279 Vgl. BVerfGE 34, 238 (246); 80, 367 (375).
280 *Murswiek* (Fn. 16), Art. 2 Rn. 103.
281 Vgl. BVerfGE 35, 202 (220); 80, 367 (373).
282 BFHE 183, 476 (479).
283 BVerfGE 96, 56 (61).
284 *Jarass* (Fn. 15), Art. 2 Rn. 48.

Gegen eine Einbeziehung der Inanspruchnahme medizinisch assistierter Fortpflanzung in die Öffentlichkeitssphäre spricht, dass auch die medizinisch assistierte Fortpflanzung immer noch einen starken Bezug zum Sexualleben, zur intimen Partnerschaft und zu Entscheidungen der persönlichen Lebensplanung aufweist. Zudem wird eine Ärztin oder ein Arzt als Vertrauensperson mit besonderer Stellung (spezifische Berufspflichten, Zeugnisverweigerungsrecht) hinzugezogen; eine Beteiligung der Öffentlichkeit findet nicht statt. Allein durch das Hinzutreten einer Ärztin oder eines Arztes wird deshalb der Privatbereich nicht zum gesellschaftlichen Bereich. Damit ist die Zuordnung der Inanspruchnahme von Methoden der medizinisch assistierten Fortpflanzung zur Öffentlichkeitssphäre ausgeschlossen. Diese Tätigkeit gehört dementsprechend, im Einklang mit der allgemeinen Beurteilung medizinischer Sachverhalte, zur Privat- oder Geheimsphäre.

Der staatliche Eingriff muss daher im Rahmen einer umfassenden Interessenabwägung nach einem strengen Maßstab verhältnismäßig sein.

b) Rechtfertigung durch das Gebot der Förderung von Ehe und Familie?

Nach dem Willen des Gesetzgebers dient die in § 27a Abs. 1 Nr. 3 und 4 SGB V geregelte Beschränkung der Anspruchsberechtigten auf Verheiratete der Förderung von »Ehe und Familie«[285].

In der Rechtsprechung ist man insoweit geteilter Meinung. Das Sozialgericht Leipzig erachtet die genannte Beschränkung für verfassungswidrig und hat die Frage dem Bundesverfassungsgericht zur Entscheidung vorgelegt[286]. Dagegen halten einige Landessozialgerichte eine Gleichstellung von verheirateten und unverheirateten Versicherten verfassungsrechtlich nicht für geboten[287]. Eine Nichtzulassungsbeschwerde in dieser Sache wurde vom Bundessozialgericht durch Beschluss vom 7. Januar 2005 als unzulässig verworfen[288].

Fraglich ist, ob hier zur Rechtfertigung ein verfassungsrechtlich definiertes Leitbild von Ehe und Familie herangezogen werden kann.

aa) Zum Begriff der Familie

Nach den bei der Schöpfung des Art. 6 Abs. 1 GG vorhandenen Wertvorstellungen mag die Ehe zwar zunächst die einzige legitime Form umfassender Lebensgemeinschaft zwischen Mann und Frau mit dem Ziel der Fortpflanzung gewesen

285 Vgl. BT-Drucks. 11/6760.

286 SG Leipzig, Vorlagebeschluss vom 28. März 2003, Az.: S 8 KR 87/02; ein Leitsatz ist veröffentlicht in FamRZ 2004, 572.

287 Siehe LSG Mecklenburg-Vorpommern, E-LSG KR-215; LSG Niedersachsen-Bremen, E-LSG KR 234; NZS 2004, 101; LSG NW, Urteil vom 23. Oktober 2003, Az.: L 5 KR 120/02.

288 Az.: B 1 KR 93/03 B.

sein. Typischerweise entstand und entsteht die Familie als eine durch Abstammung und Verwandtschaft vermittelte Personenverbindung, generationenübergreifend durch die Ehe von Mann und Frau.[289] Die gesunde körperliche und seelische Entwicklung des Kindes sah man grundsätzlich nur durch das Geborgensein der in der Ehe verwirklichten vollständigen Familiengemeinschaft mit Vater und Mutter gewährleistet[290]. Diese Position wird auch heute noch vertreten. Aus der Ehe gingen grundsätzlich Kinder vor, deren Entfaltungschancen regelmäßig am ehesten gewahrt seien, da sie auf der Grundlage einer verlässlichen stabilen Beziehung ihrer Eltern aufwüchsen[291].

Im Laufe der Zeit hat aber auch das Bundesverfassungsgericht den Begriff der Familie erweitert. Mittlerweile fallen darunter neben der vollständigen Kleinfamilie aus verheirateten Eltern mit Kindern auch andere Formen des Zusammenlebens verschiedener Generationen als Familie (z. B. das Verhältnis der Mutter und Vater zu dem jeweils nichtehelichen Kind[292], nichteheliche Mütter oder Väter allein mit den Kindern, Eltern mit Adoptiv-, Stief- oder Pflegekindern)[293]. Selbst Lebensgemeinschaftsformen, bei denen nur rechtliche und/oder soziale Elternschaft vorliegt (z. B. bei Adoption, Pflegefamilien), werden in den Schutzbereich des Art. 6 Abs. 1 Alt. 2 GG einbezogen.[294]

Zur Familie im Sinne dieser Vorschrift gehört nach der Rechtsprechung des Bundesverfassungsgerichts grundsätzlich die »umfassende Gemeinschaft zwischen Eltern und Kindern«[295]. Geschützt wird hiernach das Zusammenleben verschiedener Generationen, d. h. es müssen zumindest eine Person mit Elternfunktion und mindestens ein Kind eine (Lebens-)Gemeinschaft bilden.[296] Eine Familie setzt nicht notwendig die Gemeinschaft von Ehepartnern mit ihren Kindern, sondern von Eltern mit ihren Kindern voraus.[297] Denn die auf natürlichen und rechtlichen Bindungen beruhende Familie hat auch – unabhängig davon, ob sie ihrem Kernbild entspricht – eine lebenswichtige Funktion für die menschliche Gemeinschaft.[298] Die »wertentscheidende Grundsatznorm« des Art. 6 Abs. 1 reicht über die Institutsgarantie der Ehe hinaus.[299] Neben der Ehe und der in der Ehe gegründeten Familie ist damit auch die familiäre Lebensgemeinschaft, ohne Rücksicht darauf, ob sie auf einer Ehe gründet, zum selbständigen Schutzgut erhoben worden[300].

289 *Badura* (Fn. 214).
290 Siehe etwa BVerfGE 25, 167 (196).
291 *Robbers* (Fn. 43), Art. 6 Rn. 18.
292 BVerfGE 45, 104 (123).
293 Vgl. bereits S. 71.
294 Vgl. S. 71.
295 BVerfGE 10, 59 (66).
296 Vgl. S. 71.
297 BVerfGE 48, 327 (339).
298 BVerfGE 36, 146 (167).
299 *Badura* (Fn. 214).
300 Siehe BVerfGE 80, 81 (90 f.).

Ideales Leitbild der Familie mag zwar immer noch das der vollständigen mit zwei Elternteilen sein, doch den Entwicklungen in der Gesellschaft hin zu sogenannten »Patch-work-Familien« muss dogmatisch Rechnung getragen werden[301]. Insofern kommt der Behauptung, dass nach vorherrschender Auffassung in der Gesellschaft das Wohl des Kindes typischerweise in einer Ehe eher als in einer festen Partnerschaft gewährleistet sei[302], nur marginale Bedeutung zu, da diese Einstellung nicht mehr dem aktuellen verfassungsrechtlichen Begriff der Familie entspricht. Diese Aussage ist umso fragwürdiger, als sie durch den Vorbehalt relativiert wird, dass eine Ehe keine Garantie für ein intaktes Elternhaus darstelle und umgekehrt eine nichteheliche Lebensgemeinschaft einer Ehe gleichwertige Bedingungen bieten könne[303].

Der Gesetzgeber ist nicht verpflichtet, seine Familienregelungen ausschließlich an der »vollständigen« Familie und damit an der Verbindung mit der Ehe auszurichten.[304] Wer eine Familie gründen und dafür legitimerweise Familienförderung in Anspruch nehmen möchte, sollte allein wegen der Realisierung des Förderungsanspruches heute nicht mehr heiraten müssen.[305]

Wenn Art. 6 Abs. 1 GG nicht nur die Ehe, sondern auch die Familie mit Kindern als geschlossenen Lebensbereich erfasst, ist der Staat verpflichtet, die Einheit und Selbstverantwortlichkeit der Familie zu respektieren und zu fördern. Hiervon ist die Familiengemeinschaft sowohl im materiell-persönlichen als auch im materiell-wirtschaftlichen Bereich betroffen.[306] Insofern lässt sich der mit dem Ausschluss Unverheirateter vom Leistungsanspruch des § 27a SGB V verbundene Eingriff in das Grundrecht auf Fortpflanzung nicht durch das Gebot der Förderung von Familien rechtfertigen.

bb) Zum Begriff der Ehe

Aus der Zulässigkeit der Privilegierung der Ehe folgt nach der Rechtsprechung des Bundesverfassungsgerichts weder das verfassungsrechtliche Gebot, andere Lebensformen gegenüber der Ehe zu benachteiligen, noch ein Abstandsgebot[307]. Auf Grund des Förderungsgebotes der Ehe hat der Gesetzgeber dafür Sorge zu tragen, dass die Ehe ihre Funktion erfüllen kann.[308]

Die Ehe ist die Verbindung eines Mannes und einer Frau zur grundsätzlich unauflöslichen Lebensgemeinschaft.[309] Als personal-sittliche Gemeinschaft lebt sie

301 *Gröschner* (Fn. 41), Art. 6 Rn. 68.
302 LSG Mecklenburg-Vorpommern, E-LSG KR-215.
303 LSG Mecklenburg-Vorpommern, E-LSG KR-215.
304 *Gröschner* (Fn. 41), Art. 6 Rn. 68.
305 *Gröschner* (Fn. 41), Art. 6 Rn. 69.
306 Vgl. dazu BVerfGE 24, 119 (135); 33, 236 (238); 51, 386 (398); 53, 257 (296 f.).
307 BVerfGE 105, 313 (348); siehe ferner BSGE 90, 90 (96).
308 BVerfGE 105, 313 (348).
309 BVerfGE 10, 59 (66); 31, 58 (82); 105, 313 (343).

aus einer Selbstverpflichtung des Willens zu gegenseitiger Anerkennung, Achtung und Sorge der Partner füreinander. Insofern dient die Ehe vorrangig der Selbstentfaltung der Partner miteinander und in der Gesellschaft, nicht mehr der »Reproduktion«.

Da die Ehe nach dem modernen Familienverständnis nicht ausschließlicher Ort der Familiengründung ist, kann die Regelung in § 27a Abs. 1 Nr. 3 und 4 SGB V, welche unverheiratete Versicherte benachteiligt, auch nicht mit dem Schutz der Ehe gerechtfertigt werden.

cc) Ergebnis

Nach allem lässt sich der Eingriff in das Grundrecht Unverheirateter auf Fortpflanzung, zu dem der Ausschluss Unverheirateter vom Leistungsanspruch des § 27a SGB V führt, nicht rechtfertigen. Die Regelung in § 27a Abs. 1 Nr. 3 und 4 SGB V wird den strengen Anforderungen, die an Einschränkungen der Grundrechtsgewährleistungen in Art. 6 Abs. 1 Alt. 2 sowie Art. 2 Abs. 1 in Verbindung mit Art. 1 Abs. 1 GG zu stellen sind, nicht gerecht und erweist sich damit als verfassungswidrig.

III. Vereinbarkeit mit dem allgemeinen Gleichheitssatz

Dementsprechend liegt auch kein rechtfertigender Grund für die Ungleichbehandlung unverheirateter Versicherter gegenüber verheirateten Versicherten in der Gewährung von Leistungen für eine künstliche Befruchtung vor. § 27a Abs. 1 Nr. 3 und 4 SGB V verstößt damit auch gegen den allgemeinen Gleichheitssatz des Art. 3 Abs. 1 GG.[310]

C. Untere Altersgrenze von 25 Jahren für den Leistungsanspruch des § 27a SGB V

Der Anspruch auf Sachleistungen der künstlichen Befruchtung wird durch § 27a Abs. 3 Satz 1 Halbs. 1 SGB V an das vollendete 25. Lebensjahr und damit an ein Mindestalter der Versicherten geknüpft.

Der Ausgrenzung der noch nicht 25-jährigen Versicherten aus der Anspruchsberechtigung lassen sich zunächst verfassungsrechtliche Einwände entgegenhalten, die oben zu den Abschnitten A. und B. der vorliegenden Schrift entwickelt wurden. Denn in das Grundrecht aufFortpflanzung wird auf diese Weise zu Lasten der einkommensschwachen Versicherten dieser Altersgruppe eingegriffen. Auch eine Verletzung des allgemeinen Gleichheitssatzes des Art. 3 Abs. 1 GG

310 Vgl. zu den diesbezüglichen Prüfungsmaßstäben bereits S. 32 ff.

kommt insofern in Betracht, als fortpflanzungswillige Paare mit Partnern unterhalb der Altersgrenze im Gegensatz zu solchen oberhalb der Altersgrenze von der Anspruchsberechtigung ohne Übergangs- oder Ausnahmeregelungen ausgeschlossen werden. Fraglich ist, ob sich Gründe finden lassen, welche speziell diese Ungleichbehandlung und den Eingriff in das Grundrecht auf Fortpflanzung zu rechtfertigen vermögen.

An sich ist das Alter im Hinblick auf eine künstliche Befruchtung kein unzulässiges Kriterium. Der Erfolg einer künstlichen Befruchtung hängt mit dem Alter insbesondere der Frau, aber auch des Mannes zusammen (vgl. dazu § 27a Abs. 3 Satz 1 Halbs. 2 SGB V). Hier wird allerdings die untere Altersgrenze von 25 Jahren damit begründet, dass mangelnde Geduld es nicht verhindern solle, auf natürlichem Wege zu einer »Spontanschwangerschaft« zu kommen[311].

Dieser Grund ist zumindest bei einer eindeutig diagnostizierten, irreversiblen, schon vor der Vollendung des 25. Lebensjahres bestehenden Infertilität nicht sachgerecht. Eine »Spontanschwangerschaft« kann es in solchen Fällen gar nicht geben. Insofern vermag auch mehr Geduld nicht zu einer Schwangerschaft beizutragen. In allen Fällen, in denen auf Grund der medizinischen Indikation eine »Spontanschwangerschaft« ausgeschlossen ist, kann diese Differenzierung ihren Zweck nicht erreichen. Zwar verfügt der Gesetzgeber bei seinen Regelungen grundsätzlich über eine Typisierungsbefugnis. Häufig erweisen sich Härten in Einzelfällen als unvermeidlich. Eine Ungleichbehandlung lässt sich mit der Typisierungsbefugnis aber nur dann rechtfertigen, wenn es sich um Massenerscheinungen handelt und lediglich eine kleine Anzahl von Personen betroffen ist. Der Verstoß dürfte überdies nicht sehr intensiv sowie nur unter Schwierigkeiten vermeidbar sein.[312] Insbesondere bei nachteiligen Typisierungen ist der Spielraum des Gesetzgebers geringer als bei bevorzugenden.[313]

Diesen Spielraum hat der Gesetzgeber durch die Bestimmung in § 27a Abs. 3 Satz 1 SGB V jedoch insofern überschritten, als er keine Ausnahme für Fälle der eindeutig diagnostizierten, irreversiblen, schon vor der Vollendung des 25. Lebensjahres bestehenden Infertilität geregelt hat. Tatsächlich ist der Zeitraum vom 18. bis zum 25. Lebensjahr die optimale Zeit für eine Schwangerschaft. Zumindest die physischen Rahmenbedingungen wären bei Frauen oder Männern dieser Altersgruppe optimal.

Die Regelung in § 27a Abs. 3 Satz 1 SGB V lässt sich daher nicht rechtfertigen und verstößt mithin sowohl gegen den allgemeinen Gleichheitssatz des Art. 3 Abs. 1 GG als auch gegen das Grundrecht auf Fortpflanzung.

311 Siehe BT-Drucks. 15/1525, S. 83.
312 BVerfGE 45, 376 (390); 63, 119 (128); 79, 87 (100).
313 BVerfGE 12, 151 (166); 17, 1 (23 f.).

Zweiter Teil
Zusammenfassung in Leitsätzen

Die wesentlichen Ergebnisse der Untersuchung lassen sich in Leitsätzen wie folgt zusammenfassen:

1. Die in § 27a Abs. 3 Satz 3 in Verbindung mit Abs. 1 Nr. 2 SGB V geregelte Begrenzung der Leistungen für künstliche Befruchtung auf die dreimalige Kostenübernahme zu 50 Prozent verletzt nicht die Eigentumsgarantie des Art. 14 Abs. 1 GG. Auf Grund des aktuellen Fehlens einer existentiellen Bedeutung der vollen Kostenübernahme künstlicher Befruchtungsmaßnahmen für die Betroffenen besteht insoweit kein durch die Eigentumsgarantie geschützter Rechtsanspruch.

2. Die durch das GKV-Modernisierungsgesetz (GMG) aus dem Jahre 2003 erfolgte Kürzung des Leistungsumfangs für medizinische Maßnahmen zur Herbeiführung einer Schwangerschaft dürfte noch nicht ein Ausmaß erreichen, das nach der Rechtsprechung des Bundesverfassungsgerichts zur Feststellung eines staatlichen *Eingriffs* in das Grundrecht auf körperliche Unversehrtheit führt. Auch eine Verletzung der staatlichen Schutzpflicht für dieses Grundrecht scheidet hier aus, weil der nach der Änderung des § 27a SGB V durch das GMG verbliebene, deutlich reduzierte Kostenübernahmeanspruch zur Sicherung der körperlichen Unversehrtheit nicht »völlig unzulänglich« ist.

3. Die Regelung des § 27a Abs. 3 SGB V stellt aber einen Eingriff in den Schutzbereich des Art. 6 Abs. 1 GG dar. Indem § 27a Abs. 3 Satz 3 SGB V in der Fassung von Art. 1 Nr. 14 Buchst. b GMG bestimmt, dass die Krankenkasse lediglich 50 Prozent der mit dem Behandlungsplan genehmigten Kosten der bei ihrem Versicherten durchgeführten Maßnahmen übernimmt, werden die Betroffenen in ihrem Grundrecht auf Familiengründung beeinträchtigt. Die Möglichkeit der Familiengründung wird mithin für diejenigen Paare eingeschränkt, die aus medizinischen Gründen auf eine künstliche Befruchtung angewiesen sind und nicht über die nötigen finanziellen Mittel verfügen, um diesen Wunsch in die Tat umzusetzen. Dabei ist insbesondere zu beachten, dass der Einzelne unter den Voraussetzungen des § 5 SGB V einer Versicherungspflicht unterworfen und ihm für seine an der wirtschaftlichen Leistungsfähigkeit ausgerichteten Beiträge die notwendige Krankheitsbehandlung gesetzlich zugesagt ist, er im Falle einer künstlichen Befruchtung aber auf eine 50-prozentige Finanzierung der Behandlung außerhalb der gesetzlichen Krankenversicherung verwiesen wird.

4. Da die Rechtsgüter in Art. 6 Abs. 1 GG vorbehaltlos gewährleistet sind, kommt zur verfassungsrechtlichen Rechtfertigung nur kollidierendes Verfas-

sungsrecht in Betracht. Sehr zweifelhaft ist, ob der vom Gesetzgeber verfolgte Gemeinwohlbelang der Sicherung der finanziellen Stabilität und damit der Funktionsfähigkeit der gesetzlichen Krankenversicherung Verfassungsrang besitzt und daher als kollidierendes Verfassungsrecht den Eingriff in das Grundrecht der Familiengründung zu rechtfertigen vermag.

5. Geht man dennoch von einem hier mit Art. 6 Abs. 1 GG kollidierenden, mit Verfassungsrang ausgestatteten Rechtsgut aus, so führt die weitere (hilfsweise) Prüfung allerdings zu einem Verstoß der in § 27a Abs. 3 Satz 3 SGB V geregelten Kostenübernahmebegrenzung gegen den Grundsatz der Verhältnismäßigkeit. Dem vom Gesetzgeber gewählten Mittel fehlt bereits die Eignung zur Sicherung der finanziellen Stabilität der gesetzlichen Krankenversicherung. Denn dadurch wird die Finanzierungslücke nicht geschlossen, sondern erweitert – indem der Zeugung neuer Beitragszahler im Rahmen der künstlichen Befruchtung so hohe finanzielle Hürden gesetzt werden, dass sich die wenigsten Paare eine Behandlung noch leisten können.

6. Erwiese sich die Regelung in § 27a Abs. 3 Satz 3 SGB V entgegen den soeben angestellten Überlegungen als geeignet, wäre sie jedenfalls nicht erforderlich. Der Gesetzgeber musste zur Erreichung des von ihm verfolgten Zwecks keine 50-prozentige Kürzung der Übernahme der Kosten der künstlichen Befruchtung vornehmen. Er hätte als milderes Mittel – bei gleich bleibender Kostenbelastung – anstatt drei Zyklen zu je 50 Prozent zu finanzieren, z. B. den ersten Zyklus voll und den zweiten zur Hälfte unter Ausschluss der Kostenübernahme für einen dritten oder den zweiten und dritten jeweils zu 25 Prozent finanzieren können. Die Vollfinanzierung des ersten Zyklusses würde eine signifikante finanzielle Erleichterung für die Paare bedeuten und wäre bei einer 25-prozentigen Wahrscheinlichkeit der Empfängnis auch angemessen. Zudem würde dies Ehepaaren, die durch künstliche Befruchtung ihr Grundrecht auf Familiengründung wahrnehmen wollen, eine vergleichbare Chance auf Schwangerschaft einräumen wie Eltern, die dies auf natürlichem Wege versuchen. Die Erfolgsquote von 20 bis 30 Prozent für eine Schwangerschaft beim ersten Versuch entspricht der Wahrscheinlichkeit einer »Spontanschwangerschaft«. Insofern wäre dadurch zumindest die Chancengleichheit der Elternpaare gewährleistet.

7. Ginge man hier dennoch von der Erforderlichkeit der Regelung aus, so käme es schließlich auf die Zumutbarkeit für die betroffenen Grundrechtsträger an. Diese wird auch als Angemessenheit, Proportionalität oder Verhältnismäßigkeit im engeren Sinne bezeichnet. Dabei geht es um die Herstellung einer Zweck-Mittel-Relation, um eine übermäßige Belastung des Betroffenen ermitteln zu können. Hier fällt wesentlich ins Gewicht, dass auf Grund der Regelung in § 27a Abs. 3 Satz 3 SGB V die Ausübung des Grundrechts auf Familiengründung an ein unnötig hohes Risiko insbesondere für die potentielle Mutter geknüpft wird. Durch die Selbstbeteiligung steigt der ohnehin belastende Erfolgsdruck für die betroffenen

Paare. Folge der Regelung wird sein, dass die Methoden mit der höchsten Aussichtschance gewählt werden, die zugleich meist einen schwereren Eingriff in die Physis wie Psyche der Patienten bedeuten. Es steht zu befürchten, dass entgegen den Empfehlungen der Richtlinien der Ärztekammer wieder vermehrt drei statt lediglich zwei Embryonen transferiert werden. Die Konsequenz wäre ein erheblicher Anstieg von Mehrlingsgeburten mit dem damit einhergehenden erhöhten gesundheitlichen Risiko für Kinder und Mütter. Dieses Risiko der potentiellen Mutter aufzubürden ist unzumutbar und kann auch nicht mit der dauerhaften Gewährleistung der medizinischen Versorgung und der dazu unbestritten notwendigen Reformierung des Gesundheitswesens aufgewogen werden. § 27a Abs. 3 Satz 3 SGB V verstößt also aus mehreren Gründen gegen das Verhältnismäßigkeitsprinzip und verletzt daher das Grundrecht auf Familiengründung aus Art. 6 Abs. 1 GG.

8. § 27a Abs. 3 Satz 3 in Verbindung mit § 27a Abs. 1 Nr. 3 SGB V verstößt ferner insoweit gegen den allgemeinen Gleichheitssatz des Art. 3 Abs. 1 GG, als danach Verheirateten und Unverheirateten für den Versicherungsfall »Krankheit« unterschiedliche Leistungsansprüche gewährt werden. Eine Rechtfertigung für die Ungleichbehandlung lässt sich nicht finden. Insbesondere folgt sie nicht aus einem vermeintlichen »Sondernormcharakter« des § 27a SGB V. Das bei einer Selbstbeteiligung an den Kosten für eine künstliche Befruchtung im Vordergrund stehende Beurteilungskriterium darf nicht der Ehestatus, sondern muss die finanzielle Leistungsfähigkeit der Betroffenen bei der Selbstbeteiligung an Krankenbehandlungen und damit der Gesichtspunkt der gleichen Lastenverteilung sein. Die aktuelle Kostentragungsregelung bewirkt, dass die Versicherten trotz relational gleicher Beitragsleistung und medizinisch gleicher Bedarfssituation unterschiedliche Versicherungsleistungen erhalten bzw. diese faktisch nicht mehr in Anspruch nehmen können. Dem systemimmanenten Prinzip der solidarischen Finanzierung der gesetzlichen Krankenversicherung entspricht es nicht, dass eine Gruppe durch das gesundheitssystemfremde Kriterium »Ehestatus« ausgesondert wird. Der Gedanke der Rückschrittsgerechtigkeit kommt hier insbesondere in der Erwägung zum Tragen, dass zunächst alle Mitglieder gleichmäßig zur Solidaraufgabe der Konsolidierung der gesetzlichen Krankenversicherung herangezogen werden sollten, bevor einzelne Leistungsbeziehergruppen besonders belastet werden.

9. Durch die Kürzung der Leistungen für Maßnahmen zur künstlichen Befruchtung hat der Gesetzgeber ferner gegen Art. 3 Abs. 1 GG in Verbindung mit dem Sozial- und Rechtsstaatsprinzip in der Ausformung der Systemgerechtigkeit verstoßen. Eine Verletzung der Systemgerechtigkeit liegt hier in einem Verstoß gegen systemimmanente Maßstäbe des Krankenversicherungssystems. Aus der Rechtsprechung des Bundesverfassungsgerichts ergibt sich, dass die Bereithaltung eines komplexen sozialen Sicherungssystems im Wege der Effektivierung des Sozialgerechtigkeitspostulats durch Art. 3 Abs. 1 GG in Verbindung mit dem

Sozialstaatsprinzip gefordert ist, das in seiner Schutzdichte über die allgemeine sozialstaatliche Fürsorge- und Hilfspflicht hinausgeht. Die gesetzlich geregelte Reduzierung des Leistungsumfangs auf 50 Prozent der Kosten für Maßnahmen zur künstlichen Befruchtung lässt sich mit der Sicherung eines Leistungsniveaus oberhalb des durch staatliches »Gnaden- und Armenrecht« bestimmten Existenzminimums nicht vereinbaren. Zudem verstößt sie gegen einfachgesetzliche Konkretisierungen der Systemgerechtigkeit im Rahmen der gesetzlichen Krankenversicherung: das Solidarprinzip, das Naturalleistungs- bzw. Sachleistungsprinzip sowie das Beitrags- oder Versicherungsprinzip. Der in mehrfacher Hinsicht bestehende Systembruch durch die Kostenregelung in § 27a Abs. 3 Satz 3 SGB V lässt sich auch nicht mit besonderen Gründen rechtfertigen, die es dem Gesetzgeber gestatteten, den einmal eingeschlagenen Weg nicht fortzusetzen.

10. § 27a Abs. 1 Nr. 3 und 4 SGB V ist insoweit verfassungswidrig, als Leistungen für medizinische Maßnahmen zur Herbeiführung einer Schwangerschaft ausschließlich auf Personen beschränkt sind, die miteinander verheiratet sind. Das Recht auf Fortpflanzung ist auf Grund der sozialen Funktion der Familie und der Intersubjektivität dieses Grundrechtes vorrangig in Art. 6 Abs. 1 Alt. 2 GG (Schutz der Familie) zu verorten. Ergänzend dazu gewährt auch das aus Art. 2 Abs. 1 in Verbindung mit Art. 1 Abs. 1 GG hergeleitete allgemeine Persönlichkeitsrecht Schutz. Ein Eingriff in das Grundrecht auf Fortpflanzung liegt dadurch vor, dass *Unverheiratete* von jeglicher Kostenerstattung für Maßnahmen der künstlichen Befruchtung durch die gesetzliche Krankenversicherung ausgeschlossen sind. Die Möglichkeit der Familiengründung wird hier zu Lasten derjenigen unverheirateten Paare eingeschränkt, die aus medizinischen Gründen auf eine künstliche Befruchtung angewiesen sind und nicht über die nötigen finanziellen Mittel verfügen, um diesen Wunsch in die Tat umzusetzen. Nach dem Willen des Gesetzgebers dient die in § 27a Abs. 1 Nr. 3 und 4 SGB V geregelte Beschränkung der Anspruchsberechtigten auf Verheiratete der Förderung von »Ehe und Familie«. Art. 6 Abs. 1 GG erfasst aber nicht nur die Ehe, sondern auch die Familie mit Kindern als geschlossenen Lebensbereich. Der Staat ist verpflichtet, die Einheit und Selbstverantwortlichkeit der Familie zu respektieren und zu fördern. Hiervon ist die Familiengemeinschaft sowohl im materiell-persönlichen als auch im materiell-wirtschaftlichen Bereich betroffen. Insofern lässt sich der mit dem Ausschluss Unverheirateter vom Leistungsanspruch des § 27a SGB V verbundene Eingriff in das Grundrecht auf Fortpflanzung nicht durch das Gebot der Förderung von Familien rechtfertigen. Da die Ehe nach dem modernen Familienverständnis nicht ausschließlicher Ort der Familiengründung ist, kann diese Regelung auch nicht mit dem Schutz der Ehe gerechtfertigt werden. Dementsprechend liegt auch kein rechtfertigender Grund für die Ungleichbehandlung unverheirateter Versicherter gegenüber verheirateten Versicherten in der Gewährung von Leistungen für eine künstliche Befruchtung vor. § 27a Abs. 1 Nr. 3 und 4 SGB V verstößt damit ferner gegen den allgemeinen Gleichheitssatz des Art. 3 Abs. 1 GG.

11. Der Anspruch auf Sachleistungen der künstlichen Befruchtung wird durch § 27a Abs. 3 Satz 1 Halbs. 1 SGB V an das vollendete 25. Lebensjahr und damit an ein Mindestalter der Versicherten geknüpft. Der Ausgrenzung der noch nicht 25-jährigen Versicherten aus der Anspruchsberechtigung lassen sich zunächst verfassungsrechtliche Einwände entgegenhalten, die bereits zur Feststellung der Verfassungswidrigkeit der Begrenzung der Leistung auf die dreimalige Kostenübernahme und des Ausschlusses Unverheirateter vom Leistungsanspruch des § 27a SGB V entwickelt wurden. Denn in das Grundrecht auf Fortpflanzung wird auf diese Weise zu Lasten der einkommensschwachen Versicherten dieser Altersgruppe ohne rechtfertigende Gründe eingegriffen. Auch eine Verletzung des allgemeinen Gleichheitssatzes des Art. 3 Abs. 1 GG liegt insofern vor, als fortpflanzungswillige Paare mit Partnern unterhalb der Altersgrenze im Gegensatz zu solchen oberhalb der Altersgrenze von der Anspruchsberechtigung ohne Übergangs- oder Ausnahmeregelungen ausgeschlossen werden. Gründe, welche speziell diese Ungleichbehandlung und den Eingriff in das Grundrecht auf Fortpflanzung zu rechtfertigen vermögen, lassen sich nicht finden. Der Grund, dass mangelnde Geduld es nicht verhindern solle, auf natürlichem Wege zu einer »Spontanschwangerschaft« zu kommen, ist zumindest bei einer eindeutig diagnostizierten, irreversiblen, schon vor der Vollendung des 25. Lebensjahres bestehenden Infertilität nicht sachgerecht. Eine »Spontanschwangerschaft« kann es in solchen Fällen gar nicht geben. Insofern vermag auch mehr Geduld nicht zu einer Schwangerschaft beizutragen.

Literaturverzeichnis

Badura, Peter: Der Sozialstaat, DÖV 1989, 491 ff.

Burmeister, Joachim: Vom staatsbegrenzenden Grundrechtsverständnis zum Grundrechtsschutz für Staatsfunktionen, 1971.

Coester-Waltjen, Dagmar: Die künstliche Befruchtung beim Menschen – Zulässigkeit und zivilrechtliche Folgen. 2. Teilgutachten: Zivilrechtliche Probleme. Gutachten B für den 56. Deutschen Juristentag, in: Verhandlungen des 56. Deutschen Juristentages Berlin 1986, Bd. I (Gutachten), 1986, B 9 ff.

Denninger, Erhard/Hoffmann-Riem, Wolfgang/Schneider, Hans-Peter/Stein, Ekkehart (Hrsg.): Kommentar zum Grundgesetz für die Bundesrepublik Deutschland (Reihe Alternativkommentare), 3. Aufl. (Stand: August 2002).

Dolzer, Rudolf/Vogel, Klaus/Graßhof, Karin (Hrsg.): Bonner Kommentar zum Grundgesetz (Stand: Juli 2006).

Dreier, Horst (Hrsg.): Grundgesetz. Kommentar, Bd. I, 2. Aufl. 2004.

Eicher, Wolfgang: Die In-vitro-Fertilisation als Leistung der gesetzlichen Krankenkassen im Rahmen der Sterilitätsbehandlung der Frau, MedR 1986, 265 ff.

Frowein, Jochen Abraham/Peukert, Wolfgang: Europäische Menschenrechtskonvention (EMRK-Kommentar), 2. Aufl. 1996.

Heldrich, Andreas: Schadensersatz bei fehlgeschlagener Familienplanung – LG Itzehoe, FamRZ 1969, 90 –, JuS 1969, 455 ff.

Hesse, Konrad: Grundzüge des Verfassungsrechts der Bundesrepublik Deutschland, 20. Aufl. 1995.

Hsu, Tzong–li; Verfassungsrechtliche Schranken der Leistungsgesetzgebung im Sozialstaat, 1986.

Isensee, Josef: Sozialversicherungsfreiheit bei geringfügiger Beschäftigung. Sozialpolitischer Sinn und verfassungsrechtliche Bedeutung, ZRP 1982, 137 ff.

Jarass, Hans D./Pieroth, Bodo: Grundgesetz für die Bundesrepublik Deutschland, 8. Aufl. 2006.

Kasseler Kommentar Sozialversicherungsrecht, Bd. 1 (Stand: September 2006).

Knoop, Susanne: Recht auf Fortpflanzung und medizinischer Fortschritt, als Dissertation im März 2005 über die KOPS-Datenbank (Konstanzer Online-Publikations-System) veröffentlicht.

Krebs, Dieter/Ven, Hans van der (Hrsg.): Aktuelle Reproduktionsmedizin – Gegenwart und Zukunft der IVF und ICSI, 1999.

Lankers, Winfried: Zur Abwälzung von Unterhaltskosten, FamRZ 1969, 384 ff.

Leisner, Walter: Eigentum, in: Isensee, Josef/Kirchhof, Paul (Hrsg.), Handbuch des Staatsrechts der Bundesrepublik Deutschland, Bd. VI, 1989, § 149.

– Steuer- und Eigentumswende – die Einheitswert-Beschlüsse des Bundesverfassungsgerichts, NJW 1995, 2591 ff.

Mangoldt, Hermann von/Klein, Friedrich/Starck, Christian (Hrsg.): Kommentar zum Grundgesetz, Bd. 1, 5. Aufl. 2005.

Maunz, Theodor/Dürig, Günter: Grundgesetz. Kommentar, Bd. I und II (Stand: Juni 2006).

Merten, Detlef: Grenzen des Sozialstaats, VSSR 1995, 155 ff.

Müller-Vollbehr, Jörg: Sozialverfassung, Sozialpolitik und Sozialreform, ZRP 1984, 262 ff.

Münch, Ingo von: Verfassungsrecht und nichteheliche Lebensgemeinschaft, in: Götz Landwehr (Hrsg.), Die nichteheliche Lebensgemeinschaft, 1978, S. 137 ff.

Münch, Ingo von/Kunig, Philip (Hrsg.): Grundgesetz-Kommentar, Bd. 1, 5. Aufl. 2000.

Ott, Sieghart: Die Begriffe »Ehe und Familie« in Art. 6 I GG, NJW 1998, 117 ff.

Pieroth, Bodo/Schlink, Bernhard: Grundrechte. Staatsrecht II, 21. Aufl. 2005.

Pitschas, Rainer: Verfassungsmäßigkeit der Höhe der Witwenrente und Reform der Hinterbliebenenversorgung, ZRP 1979, 119 ff.

Pschyrembel, Willibald: Klinisches Wörterbuch, 259. Aufl. 2002.

Quaas, Michael/Zuck, Rüdiger: Medizinrecht, 2005.

Ramm, Thilo: Die Fortpflanzung – ein Freiheitsrecht?, JZ 1989, 861 ff.

Reich, Andreas: Magdeburger Kommentar zum Grundgesetz für die Bundesrepublik Deutschland, 1998.

Richter, Ingo: Von der Freiheit, Kinder zu haben – Verfassungsfragen der gesellschaftlichen Reproduktion, in: Nauck, Bernhard/Onnen-Isemann, Corinna (Hrsg.), Familie im Brennpunkt von Wissenschaft und Forschung, 1995, S. 40 ff.

Rüsken, Reinhart: Künstliche Befruchtung als Heilbehandlung. Zur steuermindernden Berücksichtigung von Kosten homo- und heterologer Befruchtung, NJW 1998, 1745 ff.

Sachs, Michael (Hrsg.): Grundgesetz. Kommentar, 3. Aufl. 2003.

Schachtschneider, Karl Albrecht: Das Sozialprinzip. Zu seiner Stellung im Verfassungssystem des Grundgesetzes, 1974.

Schlenker, Rolf-Ulrich: Soziales Rückschrittsverbot und Grundgesetz. Aspekte verfassungsrechtlicher Einwirkung auf die Stabilität sozialer Rechtslagen, 1986.

Schumann, Eva: Die nichteheliche Familie – Reformvorschläge für das Familienrecht, 1998.

Schwerdtfeger, Gunther: Öffentliches Recht in der Fallbearbeitung. Grundfallsystematik, Methodik, Fehlerquellen, 12. Aufl. 2004.

Sina, Stephan: »Recht auf Elternschaft«?, FamRZ 1997, 862 ff.

Sodan, Helge: Freie Berufe als Leistungserbringer im Recht der gesetzlichen Krankenversicherung. Ein verfassungs- und verwaltungsrechtlicher Beitrag zum Umbau des Sozialstaates, 1997.

– Das Prinzip der Widerspruchsfreiheit der Rechtsordnung, JZ 1999, 864 ff.

– Der Anspruch auf Rechtsetzung und seine prozessuale Durchsetzbarkeit, NVwZ 2000, 601 ff.

– Vorrang der Privatheit als Prinzip der Wirtschaftsverfassung, DÖV 2000, 361 ff.

– Die gesetzliche Krankenversicherung nach dem GKV-Modernisierungsgesetz – Zehn Thesen zur Gesundheitsreform, GesR 2004, 305 ff.

– (Hrsg.): Finanzielle Stabilität der gesetzlichen Krankenversicherung und Grundrechte der Leistungserbringer. Vorträge im Rahmen der 1. Berliner Gespräche zum Gesundheitsrecht am 16. und 17. Juni 2003, 2004.

– Die Zukunft der sozialen Sicherungssysteme, VVDStRL 64 (2005), 144 ff.

Sodan, Helge/Ziekow, Jan: Grundkurs Öffentliches Recht. Staats- und Verwaltungsrecht, 2005.

Starck, Christian: Die künstliche Befruchtung beim Menschen – Zulässigkeit und zivilrechtliche Folgen. 1. Teilgutachten: Verfassungsrechtliche Probleme. Gutachten A für den 56. Deutschen Juristentag, in: Verhandlungen des 56. Deutschen Juristentages Berlin 1986, Bd. I (Gutachten), 1986, A 7 ff.

Stern, Klaus: Das Staatsrecht der Bundesrepublik Deutschland, Bd. IV/1, 2006.

Wendt, Rudolf: Der Gleichheitssatz, NVwZ 1988, 778 ff.

Zacher, Hans F.: Das soziale Staatsziel, in: Isensee, Josef/Kirchhof, Paul (Hrsg.), Handbuch des Staatsrechts der Bundesrepublik Deutschland, Bd. II, 3. Aufl. 2004, § 28.

Stichwortverzeichnis

FSC
www.fsc.org
MIX
Papier | Fördert gute Waldnutzung
FSC® C083411

Kolibri 360 GmbH
Ferdinand-Jühlke-Straße 7
99095 Erfurt, Deutschland
produktsicherheit@kolibri360.de